반드시 그리워하게
될 테니까

김나리
에세이

Because
You'll Miss It Someday

반드시 그리워하게 될 테니까

행복우물

| 프롤로그 |

"밑 빠진 독에 물 붓기."

스무 살, 생기로 가득했던 그해. 처음으로 본 나의 사주는 그렇게 말하고 있었다. 보고 싶던 영화를 보러 갔는데, 시작도 하기 전에 누군가가 흘린 이상한 결말을 들어버린 김빠진 기분. 그렇게 계획에도 없던 사주풀이는, 그날 이후 멀쩡하던 내 항아리를 줄줄 새게 만들었다. 부어도 부어도 채워지지 않는 구멍 난 틈을 찾아 헤매면서도, 바보같이 내 '안'이 아닌 '바깥'에서만 답을 구하고자 했던 때가 있었다. 그리고 그때가 이제 막 돋아나기 시작하는 파릇파릇한 청춘의 서막이었다.

좋은 핑곗거리 하나를 주머니에 늘 차고 다니면서, 인생의 순간순간마다 흔들렸다. 잘 살고 싶은 마음과 잘 살지 못할 것 같은 상반된 마음이 수도 없이 부딪히며, 번번이 무너졌다. 나는 세상과 맞서 싸우기 전에 나 자신과 맞서 싸워야 했다. '포기'라는 단어가 이따금씩 머릿속에 왔다 갔다 했지만, 애석하게도 나는 나를 놓는 방법을 몰랐다.

나에겐 다시 돌아가거나, 돌이키고 싶은 시간이 없다. 세상이 바뀌고 많은 것이 달라진대도, 절대로 변하지 않을 한 가지 정도는 남겨두고 싶은 마음에서다. 줄곧 번민으로 가득했던 생이었지만, 나는 한순간도 빠짐없이 과거의 모든 날과 모든 시간들을 그 자리에 세워두고 싶다. 무지했기에 무엇 하나 쉬운 게 없던, 매 순간 도망치고 싶었던 날을. 아무리 발버둥 쳐도 제자리걸음만 하던 시간들을. 행복은 바라지도 않으니, 부디 불행하지만 않게 해달라고 빌었던 순간들 모두를 말이다.

어느 틈에 영원할 것처럼 나를 쥐고, 흔들던 시간들이 꿈만 같이 멀어져 간다. 내 인생의 가장 찬란했던 시간들이 찰나가 되었다. 끝없이 펼쳐진 망망대해를 표류하던 기억들이 갈 곳을 잃었다. 그 천고의 시간들을 이제 와 "모두 꿈이었다네."하며 빼앗기는 것 같다. 하지만 결국 아무것도 빼앗지 못할 것이다. 찰나든 '참 나'든, 어느 순간도 아무것도 아닌 시간은 없었다. 크고 작은 순간들이 지금의 내가 되었고, 이미 나의 전부가 되었으니까. 내게 다시 돌아갈 수 있는 기회가 주어진다 해도, 어떤 것도 돌려놓지 않을 것이다.

한때는 '그리움'이라는 감정이 비련의 여주인공들이나 갖는, 나와는 관계없는 마음일 것이라 단정했었다. 당시 내게 사치로만 여겨졌던, 사랑이니 연애 같은 거추장스러운 일만 찾아오지 않는다면 영영 모를 수도 있겠다고 생각했다. 그 후로도 별다를 것 없는 하루하루가 계속되었다. 생각이 점점 확신으로 자라나는 동안, 왠지 지난날을 되돌아보는 시간도 함께 자라나고 있었다. 나는 그때까지도 몰랐다. 내가 계속해서 뒤돌아보는 일이 끝도 없는 그리움 속을 파고드는 일이라는 걸.

나에겐 다시 돌아가고 싶은 시간이 있다. 과거를 변하게 하고 싶지는 않지만, 그때의 나에게 전해주고 싶은 말이 있어서다. 만일 꿈에서라도 그런 날이 찾아온다면, 이렇게 말하고 싶다.

"지금까지 고생 많았어. 그동안 정말 잘 해왔고, 앞으로 점점 더 잘할거야."
"멈춰있는 것 같아도, 조금씩 조금씩 나아가고 있어. 어떤 순간 앞에서도 의심하지 마. 망설이지 마. 정말 다 지나가버리는 날이 와. 생각보다 훨씬 더 빨리."

그리고 마지막으로 덧붙여 전해 줄 것이다.

"너는 모든 순간들을 반드시 그리워하게 될 거야. 무턱대고 걷고 있는 오늘의 날들이, 돌아올 수 없는 강을 건너는 일이자, 먼 훗날 가슴속에서 틈틈이 꺼내보게 될 찬란히 빛나는 장면들이 될 테니까."

정말이다. 정말로 나는 삶의 모든 순간들이 애처롭게 그립다. 그때 나를 웃고, 울게 만든 시간들이 그립고, 미우나 고우나 함께했던 사람들이 그립다. 그리고 무엇보다 그때의 내가 너무나도 그립다.

머무르는 순간에는 결코 닿을 수 없고, 닿을 만하면 저만치 달아나 버리는 것. 할 수 있는 일이라곤 추억하는 것이 전부인. 그 얄궂은 감정을 떼어낼 수 없는 건, 아마 구저분한 순간마저 아름답게 포장되기 때문이 아닐까. 포장된 기억들을 펼칠 때마다, 눈물 없이 볼 수 없는 내 인생의 드라마가 다시 시작되고.

그리움은 시간이 가면 갈수록, 우리에게 더 많은 추억을 내어줄 것이다. 바라건대, 추억이 쌓인 만큼 우리도 그만큼은 차곡차곡 쌓여 나아갔기를. 언젠가 먼지 쌓인 추억의 한 페이지를 꺼내 보았을 때, 눈물보다 앞서 웃음 지을 수 있기를.

인생은 노답이지만,
끝끝내 정답이 있기만을 바라면서.

2025년 3월
어느 계절의 전환점에서
김나리

목차

프롤로그 * 04

1부.
멈출 수도 없고 돌아갈 수도 없는

괜찮아요, 어차피 내일도 힘들 테니까 * 19

나를 찾지 마세요 * 22

다시 돌아갈 수 있다면 * 28

지금이 좋았으니까 * 31

이방인 * 32

아름다운 이별은 없겠지만 * 36

기억할게 * 38

자살 동호회 * 39

나만 혼자인 것 같을 때 * 43

흉터 * 45

세 가지 인연 * 48

멍청이 * 51

누구나 길을 잃는다 * 52

정답 없음 * 54

시간은 아무것도 해결해 주지 않았다 * 55

용기가 필요한 순간 * 59

꼬리 물기 * 61

입장 차이 * 63

사실은 * 64

인생 뭐 없잖아요 * 65

끝나지 않은 이야기 * 67

2부.

찬란하지 않은
찰나의
순간들까지도

찬란하지 않으면 안 될 것 같아서 * 71

기다림이 길어지더라도 * 73

사랑이었다 * 77

조금 많이 * 79

썰물 때는 온다 * 80

진짜 어른 * 84

취한 밤 * 87

머리를 자르고 * 88

후회하지 않겠다는 말 * 90

장마 * 94

습관성 우울 * 95

잡초처럼 * 97

전장 * 101

천 원짜리 바나나 * 104

그렇게 또 살아진다 * 106

다가갈 수 없는 사이 * 108

역효과 * 111

인생 그렇게 깔끔하게 사는 거 아니다 * 112

그런 사람 * 114

사소한 큰일 * 115

대관절 * 117

이사 * 118

3부.

언젠가는
추억이
될 테니까

지나고 나서야 비로소 보이는 것들 * 121

신의 계획대로 * 123

내가 알지, 나의 노력 * 125

향기 * 127

물들지 않는 연습 * 129

봄날 그리고 * 132

내려놓음의 미학 * 133

행복해지는 법 * 136

총량의 법칙 * 137

주인을 찾습니다 * 139

연애 * 141

그럴 수 있지 * 143

나만의 방식 * 145

잘못된 만남 * 146

혹시 * 147

대역전 스토리 * 150

급행열차 * 153

세상에서 제일 행복한 사람 * 155

이 문을 열고 나면 * 157

온 마음을 다해 * 159

1부

멈출 수도 없고 돌아갈 수도 없는

괜찮아요,
어차피 내일도 힘들 테니까

※

"힘들지 않냐."라고 사람들이 묻는다. 처음에는 힘들다고 답하기도 하고, 덧붙여 칭얼대기 일쑤였다. 그런데 언제부턴가 힘든 일들이 당연한 일상으로 받아들여지기 시작하면서, 어떤 상황에 처해 있든 괜찮다고 대답한다. 원래부터 세상에 쉬운 일은 없으며, 대가 없이 얻을 수 있는 건 더더욱 없기 때문이다.

힘든 일 = 일상 = 죽지 않을 만함 = 괜찮음.

한때는 어딘가에 있을 쉬운 일을 찾아 헤맨 적도 있었다. 단순히 지금의 환경이 나와 맞지 않아 힘이 든 것 뿐, 적성에 맞는 일이라든지 내가 좋아하는 일을 찾기만 하면 모든 일이 순탄하게 흘러갈 것만 같았다. 여기만 벗어나면 거짓말처럼 다 괜찮아질 거라 믿었다. 하지만 어디를 가도 그 자리를 벗어나지 못했다. 내 생각이 틀렸고, 그저 치기 어린 행동일 뿐이었다는 사실을 깨닫기까지 오랜 시간이 걸리지 않았다.

인생에서 여러 가지 일들을 경험해 보면서 느낀 건 세상엔 정말로 쉬운 일이 없다는 사실이다. 애초부터 나와 딱 맞는 일 같은 건 없을뿐더러, 있다고 해도 힘들지 않을 리는 만무하다. 어떤 일이든 겉으로 보이는 것과는 다르게 그 속에는 늘 각기 다른 고충들이 존재한다.

부처님은 "인생에서 고통은 불가피한 것이다."라고 말씀하셨다. 나는 그 말에 격하게 동의하면서도, 언젠가 또다시 누군가 나에게 "힘드냐."라고 묻는다면 어김없이 "괜찮다."라고 답할 것이다.

'말'에도 힘이 있다고 한다. "힘들다, 힘들다."하는 그 말은 의미의 여부를 떠나 나를 더 힘들고, 지친 상황으로 몰아간다. 또 그 말은 그 이유까지 조목조목 다시 꺼내 생각해 보게 만들 것이고, 공연히 상관없는 일들까지 영향이 끼칠 수 있다. 최악의 경우, 삶이 무력해지고 비관적으로 보이게 되는 불행을 초래할 수도 있는 것이다.

세계적인 베스트셀러 작가 웨인 다이어는 "현실이 중요

한 것이 아니라, 그대가 그것을 어떻게 받아들이고, 무엇을 하느냐가 중요한 것이다."라고 말했다. 평소에 어떤 생각을 하고, 주로 어떤 말을 하며, 어떤 시선으로 세상을 바라보는지가 진실로 중요하다.

당신이 하는 만큼 세상은 딱 그만큼 보여줄 것이다.

나를 찾지 마세요

"지금 거신 전화는 없는 번호입니다. 다시 확인하신 후 걸어 주시길 바랍니다."

나에게는 한 가지 좋지 않은 습관이 있다. 어느 날 세상으로부터 종종 자취를 감추고 숨어 버린다는 것이다. 갑자기 연락이 끊겨 버린다든지, 핸드폰 전원을 꺼놓거나 심한 경우 전화번호까지 바꿔 버리고, 어디론가 훌쩍 떠나 버린다. 물론 사회생활이나 업무에 지장을 주지 않는다는 철칙을 준수한다.

며칠 전만 해도 분명 연락을 주고받았었는데 뜬금없이 없는 번호가 되어 있거나, 하루아침에 연락이 두절되어 버리면 주변 사람들은 적잖이 황당해한다. 아니, 황당해했었다. 지금은 한번씩 반복되는 패턴에 적응이 되어 내가 연락을 할 때 쯤이면 지인들은 "또 네 인생에 폭풍우가 지나가는 중이구나 했어. 다시 연락이 왔으니 됐다."라며 웃어넘기는 여유까지 생겨 버렸다. 반대로 이제는 내가 점점 죄인이 되는 기분이라 되도록 제자리를 벗어나지 않으려 하고, 빈도수도 줄였지만. 지금까지도 한번씩 줄행랑치는 도망자 신세가 되어 버리는 건 변함없는 사실이다.

뭐든 과하면 탈이 날 수밖에 없는 게 인생이다. 또 마음먹은 대로 되지 않는 것도 인생이라, 꼭 알면서도 미련하게 한 번씩 탈이 나고야 만다. 늘 더 잘 살고 싶은 마음과 욕심에 의욕만 앞섰다가, 잠시 삐끗이라도 하는 날이면 허탈한 마음에 꼭 주저앉아 버린다. 이때 여러 방법이 있겠지만 나에게는 도피인 것이다. 사실 주변 사람들의 걱정을 살 수 있어 좋은 방법이라고 할 순 없다. 그래서 핀잔을 주는 사람들도 많았다. "남들 다 그렇게 사는데 너만 유독 유별나다." "관심 받고 싶어서 그러냐."라는 등 쓴소리도 많이 들었다. 나도 사람들의 의견에 일부분은 동의한다. 하지만 그런 나의 행동들이 결코 나쁘다고만은 생각하지 않는다. 누군가에게 걱정을 끼칠 수밖에 없는 부분은 항상 미안한 마음이지만, 그럼에도 이렇게 할 수밖에 없는 건 내가 숨통을 틔우고 다시 살아갈 수 있는 유일한 방식이기 때문이다.

누가 시킨 것도 아닌데 끝까지 참고, 참다가 한 번에 숨을 크게 들이쉬고 내뱉는다. 그냥 그때그때 자연스럽게 숨 쉬고 털어 내면 되는데, 미련하게 꾹꾹 억눌렀다가 한계에 도달하면 펑 하고 터져버리는 일들의 연속이다. 그럴 때면 늘 혼자 숨 쉴 만한 곳을 찾는다. 상황이 여의치 못할 때는 건물 비상계단이나 화장실을 이용하기도 하지만, 생각만큼 혼자가 된다는 건 쉬운 일이 아니다. 하다못해 우리 집에는 식구들도 수시로 왔다 갔다 하지만, 강아지만 두 마리가 집주인 행세를 하고 있으니 말이다. 마음 같아서는 아무도 없는 곳으로 당장 우주선이라도 빌려 지구별을 떠나고 싶지만, 현실적으로는 불가능한 일이기에 가장 쉽고 빠른 방법인 소통의 창구를 막고서라도 혼자이기를 자처하는 것이다.

세상에는 여러 유형의 사람들이 있지만, 혼자 있는 시간이 재충전의 시간이 되는 사람들도 있다. 처음에는 주변 사람들의 말마따나 나 혼자만 유별난 것 같아 의기소침했던 시기도 있었지만, 언젠가 나만의 문제가 아님을 깨달았다. 세상에 나만 그런 건 없다. 심지어 동물들도 상처를 받으면 동굴 속을 파고들어 간다고 한다. 그 깊이는 제각각인데, 상처의 정도가 아니라 사람처럼 각각의 성향에 따라 다르다는 것이다.

나와 같은 유형의 사람들은 다른 사람의 도움이 아닌 스스로의 힘으로 문제를 해결하고, 일어서길 바란다. 아무에게도 방해받지 않고, 차분하게 생각하고 정리할 시간이 반드시 필요하다. 혹자가 보기에는 도움을 요청한다거나, 다른 수를 쓰면 쉽게 해결할 수도 있을 문제를 동굴 속에 갇혀 혼자 끙끙 앓는 사람이 답답해 보일 수도 있다. "왜 항상 가까운 길을 놔두고 먼 길로 돌아가는 거냐."라는 질문을 받는다.

개인적으로 대변하자면 나는 함께 해야 하는 일이 있고, 혼자서 해내야만 하는 일이 있다고 생각한다. 물론 주변에 도움을 요청하고, 길을 물으면 당장에 빠른 길로 갈 수는 있을 것이다. 하지만 언젠가 비슷한 이유로 다시 길을 잃었을 때 스스로 과연 목적지까지 제대로 찾아갈 수 있을까. 그때에도 도와주는 사람이 있을 것이라 확신할 수 있을까. 나는 아닐 가능성에 무게를 둔다. 얼마의 시간이 걸리더라도 스스로의 힘으로, 나만의 방식을 찾아서 딛고 일어나는 연습을 해야 진정으로 한 걸음씩 나아갈 수 있다고 믿는다.

보통 한 것도 없이 마냥 세월이 흘러가 버렸다는 표현을 많이 쓰는데, 세월은 거저 흘러가지 않는다. 지나간 시간 속엔 반드시 내가 있다. 여기저기 깨지고, 부딪히면서도 앞으로 나아갔을 내가. 온전히 버텨 온 시간들이 있었기에 세월이 흐르고, 오늘도 존재할 수 있는 것이다. 나에게도 예외는 없었다. 시간이 흘러 이젠 힘들여 끝까지 숨을 참지 않는다. 중간에 한 번씩은 얕은 숨을 돌리기도 하고, 잠깐이지만 여유를 가져보려 한다. 그렇게, 굳건하여 변하지 않을 것만 같던 일상에 변화의 바람이 불어오기 시작했다. 이제 남아 있는 시간들은 피하지 않고 싶다. 기쁘면 기쁜 대로, 슬프면 슬픈 대로 사람들과 어우러지면서 '함께'라는 더 좋은 길로 흘러들어 가고 싶다.

 아무래도 전생이 '도망 노비'였던 사람이 너무 늦은 게 아니길 바라며.

비하인드 1. 선물 소동

나: "잘 지내시죠?"

지인: "야, 너 왜 이제 연락했어. 얼마 전에 네 번호로 선물 보냈는데, 딴사람이 본인은 김나리가 아니라고 선물 취소하래. 나 말고도 너 찾는 비슷한 연락이 많이 왔었는지, 도대체 김나리가 누구냐고 노발대발하더라."

나: "죄송합니다..."

비하인드 2. 진품 명품

나: "그동안 잘 지냈어?"

지인: "아, 역시 3번이 진짜였구나..."

나: "무슨 소리야?"

지인 "네가 번호를 워낙 자주 바꾸는 바람에 전화번호부에 '나리', '개나리', '김나리2', '김나리3'까지 너무 많아서, 어떤 게 진짜 김나리인지 몰라 연락을 못 했지 뭐야."

비하인드 3. "넌 누구냐."

나: "김나리 전화번호 xxx-xxxx-xxxx로 바뀌었습니다. 늘 죄송하고, 감사합니다."

지인: "누구세요?"

다시 돌아갈 수 있다면

"시간을 거꾸로 돌려 다시 돌아갈 수 있다면…." 가끔은 제법 진지한 모습으로 그런 생각에 빠져들곤 한다. 그렇다면 나는 이번에야말로 과거의 나쁜 사건 사고는 피하고, 옳은 선택만 하며 바른길로만 나아갈 수 있을까. 그렇다면 지금과는 전혀 다른 자리에 서서 조금 더 행복할 수 있진 않을까 하고.

나는 세상으로부터 무작정 도망치고 싶을 때, 과거로의 추억 여행을 떠난다. 과거에 걸었던 거리를 똑같이 거닐고, 똑같은 숙소에, 똑같은 호수의 방을 잡는다. 머리보다 가슴속에 짙게 남아 있는 여행 장소와 함께 방문했던 식당도 다시 들러 밥을 먹는 등 과거의 행보를 똑같이 잇는다. 떠날 때도 도착했을 때도 보통의 여행이 주는 설렘 같은 기분과는 확연히 다르다. 살았던 것도 아니고, 자주 오는 것도 아닌데, 마치 고향에 돌아온 것처럼 반갑고 구수하다. 돌아왔다는 게 온몸으로 체감되고 나면, 어김없이 사진을 남긴다. 예쁜 것이든 아니든, 나에게 껍데기는 아무래도 중요하지 않다. 돌이켜 봤을 땐 모두 소중한 시간의 조각들이다. "추억은 우리를 만들고, 우리는 추억을 만든다."라는 누군가의 말이 이때쯤엔 유난히 더 깊게 와닿는다. 시간의 조각들이 모이고 모여, 그렇게 또 하나의 추억이 만들어진다.

주변의 지인들은 한 번씩 과거로 떠나는 나를 보며 묻는다. 아직 가보지 않은 곳도 많을 텐데, 굳이 왜 갔던 곳을 계속 가느냐고. 그러면서 요즘 인기 있는 핫 플레이스나 괜찮은 명소들을 추천해 주지만, 나에겐 그건 그거대로 이건 이거대로 갖고 있는 의미가 다르다.

시간이 흐른 덕분에 겉모양은 조금씩 바뀌어 보이고, 낯선 느낌이 들어도 자세히 들여다보면 여전한 모습들. 그 사실이 이상하게 기특하고, 편안하게 느껴진다. 곧이어, 그때 나를 뒤흔들던 고민, 감정, 미래에 대한 두려움들이 고스란히 떠밀려온다. 동시에 수많은 장면들이 뇌리를 스쳐 지나간다. 그 장면들 속에는 과거 이후의 삶이 담겨 있고, 빠짐없이 "이번에야말로 조금은 성장했을까." 하는 바람도 조심스레 깔려 있다. 그러나 다시 돌아와 마주한 과거의 모습처럼, 겉모습은 달라 보여도, 내면은 크게 달라지지 않았다는 것을 깨닫는다. 본질이라는 것은 그렇게 쉽게 변하지 않는다.

 과거로의 추억 여행이 좋은 이유는 영원히 닿지 않을 것만 같던 시간들을 몸소 겪고, 다시 돌아왔다는 사실이다. 마치 먼 미래의 내가 과거로 시간 여행이라도 온 것처럼. 이 여행속에선 시간의 흐름이 이상하게 뒤틀려버린 것 같은 괴리감과 함께 과거도, 현재의 시간도 모두 기적 같은 일이 되어 버린다.

 과거는 과거임과 동시에 지금, 붙잡을 수 없는 현재이기도 하다. 돌아갈 수 없는 시간들은 하릴없이 지나간다. 그리고 추억은 눈처럼 소리 없이 쌓이게 될 것이다. 그렇게 쌓일 만큼 쌓인 과거의 눈두덩이 속을 언젠가 다시 찾게 된다면, 그때야말로 기필코 지금보다 조금 더 나은 사람이 되어 있기를.

지금이 좋았으니까

바다를 정처 없이 떠돌다 우연히 항구를 발견했지. 며칠만 쉬다가 가려고 했는데, 며칠이 몇 년이 되고, 애초에 가려던 곳이 어디였는지 잊어버렸지. 목적지 따윈 중요하지 않게 되었지. 지금이 좋았으니까.•

• 영화 《스타 이즈 본》(A Star Is Born, 2018), 감독 브래들리 쿠퍼.

이방인

퇴근 후 회사 근처에서 친구와 약속이 있었다. 그런데 무슨 일인지 한 시간이 다 되도록 친구가 오지 않았다. 연락하려고 보니 하필 핸드폰 배터리가 바닥난 상태였다. 곧 전원이 꺼지는 바람에 아무것도 확인할 수가 없었다. 늦은 밤, 인파 속에 덩그러니 서서 알 수 없는 두려움에 사로잡혔다. 약속 시간에 늦을 친구도 아니었기에 걱정은 커져만 가고, 계속 기다리고만 있을 수는 없어서, 용기를 내보기로 했다.

"죄송한데요, 혹시…."
"저 돈 없어요! 딴 데 가서 알아보세요!"

지나가는 아주머니께 조심스럽게 말을 꺼내려는데, 말이 끝나기도 전에 거절을 당했다. 아주 날카롭고 매서운 거절이었다. 왠지 혼이 나버린 나는, 다시는 모르는 이에게 말도 걸지 않겠다고 굳게 다짐했다.

이후에 친구를 만났는지, 못 만났는지는 기억이 잘 나지 않는다. 하지만 그때 나에게 호통을 친 그분은 아직까지 또렷한 기억으로 남아있다. 내 모습이 어찌 보였을지 모르나, 그때 그분에게 나는 '이방인'이었던 건 분명하다. 거꾸로 생각해 보면, 나조차도 모르는 이의 말은 눈을 감고, 귀를 닫고 있었던 건 아닌지. 혹시 도움이 필요한 사람들을 내 일이 아니라며 외면해 왔던 건 아닌지.

10년이 지났지만, 요즘은 더 무서운 세상이 되었다. 핸드폰을 빌려줬더니 오히려 250만 원을 결제하고 달아났다는 뉴스를 봤다. 핸드폰을 들고 도망가는 경우도 있다고 하니, 선한 마음으로 도와줬던 피해자들의 심정이 어떠할지 마음이 무겁다. 피해를 본 사람들은 트라우마로 인해, 진짜 도움이 필요한 사람들을 외면하게 될지도 모른다. 게다가 길 한복판에서 사고가 났는데도 119로 접수된 신고가 하나도 없었다는 기사를 봤다. "사람이 이렇게 많은데, 누군가는 하겠지."라는 마음으로 모두가 지나쳐버린 것이다. 사고가 난 사람이 나였다면, 혹은 나와 가까운 가족, 지인이었다면….

그때 나는 어린 마음에 두 번 다시 모르는 이에게 말도 걸지 않겠다고 다짐했었지만, 오히려 성장하게 되는 밑거름이 되었다. 사소한 일이라도 도움이 필요해 보이는 사람이 있다면, 일단 몸이 먼저 반응한다. 언제, 누구에게든 어려움에 처하는 상황은 생길 수 있기 때문이다.

"도와드릴까요?"

한때 나는 누군가에게 이방인이었고, 나 스스로도 이방인이었다. 그러나 이제는 異邦人(이방인)에서 異邦(이방)을 뺀 '人(인)', 수식어가 없는 한 '사람'이기 위해 노력한다. 나의 작은 행동들이 쌓여 세상을 조금이라도 따뜻하게 만들 수 있다면, 언제든 기꺼이 맞아들이고 싶다.

거센 폭풍우가 지나간 바닷가에 아침이 왔다. 어젯밤 폭풍우로 바다에서 밀려온 불가사리들이 백사장을 덮었다. 한 남자가 해변을 걷고 있는데 열 살 정도의 어린 소년 하나가 무엇인가를 바다 쪽으로 계속 던지고 있었다. 남자가 다가가서 무엇을 하고 있느냐고 묻자 소년이 답했다.
"이제 곧 해가 높이 뜨면 뜨거워지잖아요. 그럼 여기 있는 불가사리들이 모두 태양열에 죽게 될 테니까 하나씩 바닷속으로……."
남자는 크게 웃음을 터뜨리며 소년을 보고 말했다.
"얘야, 이 해변을 봐라. 폭풍우로 밀려온 불가사리가 수를 셀 수 없을 정도로 이렇게 많은데 네가 하는 일이 무슨 도움이 되겠니?"

소년은 그렇다는 듯, 잠시 하던 일을 멈추었다. 그러더니 문득 다시 불가사리 하나를 집어 힘껏 바다를 향해 던졌다.

"적어도 제가 방금 바닷속으로 던진 저 불가사리에게는 도움이 되었겠지요."

장영희 선생님의 책 ≪살아온 기적 살아갈 기적≫에 실린 이야기다. 내가 하는 일이 별거 아닌 사소한 일이라 할지라도, 누군가에겐 한줄기 기적 같은 '희망'이 될 수도 있다는 걸.

아름다운 이별은 없겠지만

"바람 앞의 등불"처럼 어딘가를 위태롭게 서성인다. 어김없이 이별의 문턱 앞에 설 때면 늘 그런 기분이 든다. 모든 일은 시작보다 끝맺음이 중한 것이라 배웠지만, 말처럼 쉬운 일은 아니다. 미련도, 후회도 없는 완벽한 이별이기를. 부디 마지막의 마지막에는 아름다움만 드리울 수 있기를. 바래도 보고, 빌어도 보지만 이번에도 틀렸다. 모든 이별은 구질구질하다. 아무리 예쁘게 포장하려 애써도 늘 처음 겪는 일처럼 마음에 익지를 않는다.

제대로 굴러가던 것들도 이별 앞에만 서면 꼼짝없이 제멋대로가 되어버리고, 언제나 그 단어가 생경하기만 한 나마저도 달갑잖은 그 시간이 다시 찾아오면, 또다시 어느 언저리를 하염없이 맴돌게 될 것이다. 함께였던 시간과, 애틋했던 마음들은 끝이 왔다고 해서 쉬이 사라지지 않는다. 강렬했던 기억일수록 잊히지 않고, 추억으로 박제된다. 그러니 종이처럼 쉬이 접거나, 자를 수도 없고, 때마다 고장이 나버리는 것도 어찌 보면 당연한 일이다.

세상에는 하나같이 이면이 존재한다. 누구나 보고 싶은 면만 보고 살아가기를 바라지만, 언제 어디서라도 이면은 드러나게 돼 있다. 그렇기에 도리 없이 완벽하기만 한 것도, 아름답기만 한 것도 없는 것이다. 그럼에도 아주 가끔은 대책 없이 바라본다. 완벽하게 아름답기만 하기를. 행복만 가득하기를. 비록 그저 바라는 마음에 그칠지라도.

기억할게

너와 나누었던 수많은 이야기
너와 주고받았던 수많은 눈빛
너와 나 사이에 흘렀던 찰나의 순간들
하나도 빠짐없이 전부 다 기억할게.

기억 속에서 우린 영원할 거야.
그곳에선 아픔도, 눈물도, 이별도 없이
행복하기만 할 거야.

자살 동호회

✳

 이보다 더 무서울 수 없게 마음의 파도가 찰싹찰싹 치던 화창한 날이었다. 파도는 항상 일렁이기 마련인데 종종 큰 파도가 몰아쳤고, 그날따라 나는 쉽게 나를 내어 주었다. 모든 것들이 존재의 의미를 잃어버렸고, 큰 상실만이 지친 내 옆에 남아 있었다. 모든 게 진절머리 나게 싫었.

 목을 매달아볼까, 숨막히는 고통에 살려 달라고 발버둥쳐 봤자 나를 구해 줄 사람 같은 건 없으니까. 스스로를 구원할 수 있는 건 본인 자신인데, 나는 나를 구원할 생각이 추호도 없다. 다행인지 불행인지 집 밖을 나서면 바로 가까이에 철물점이 있다. 근데 묘하게 걸리는 문제가 하나 있었다. 밧줄을 달라고 했는데 만약 "어디에 쓰시게요?"같은 질문이라도 날아오면 어떤 표정을 지어야 할까. 입이 떨어지기도 전에 눈물이 먼저 떨어지면 어쩌지. 상상만 했을 뿐인데, 아직 아무 일도 일어나지 않았는데, 눈물이 또 왈칵 폭풍처럼 쏟

아져 내린다.

 어렵지 않게 찾아볼 수 있는 자살 소식. 일면식도 없는 사람들이 서로 만나 죽음을 도모했다던 뉴스를 보았던 게 불현듯 떠올랐다. 혼자보단 모든 게 수월할 것 같다. 두려움은 반감되고 가능성은 높아질 것이다. 무엇보다 함께라면 죄책감을 공평하게 떼어 나눠 가질 수 있을 것 같다. 이런 이기적인 마음으로 인터넷에 자살 동호회를 검색해 보았다. 그런데 관련 단어를 검색할 때마다 "당신은 소중한 사람입니다" "포기하지 마세요"라는 문구와 24시 통화 가능한 전화번호만 계속 나왔다. 아마도 자살 예방 차원에서 만들어진 수단 중 하나인 것 같았다. 슬슬 짜증이 났다. 뭐가 소중한 사람이고, 포기하지 말라는 건지. "그래서 그다음은?" 그곳에 나의 다음이 있을 리 없었다. 차마 그려지지 않는 다음 장면이 또 한 번 나를 처절하게 만들었다. 하지만 곧 깨달았다. 나는 지금 이 뻔하고 영혼 없는 문구 때문이 아니라, 나 자신에게 화가 나 있다는 걸.

 기대 없이 시작했던 행동에 쓸데없는 오기가 붙어 인터넷과 한참 사투를 벌여야만 했다. 하지만 숭고하지 않은 수고스러움에는 어떠한 결말도 없었다. 허망했다. '젠장, 죽으려면 정보검색 능력씩이나 빼어나야 하는 거야?' 순간 짜증이

확 치밀다가, 어이가 없다가, 눈물 자국으로 범벅이 된 얼굴에 웃음이 피식 났다. '아, 울다가 웃으면 어디에 털 난다는데….' 죽는 것도 사는 것도 쉬운 일이 없다는 걸, 황당무계한 이 해프닝을 끝으로 깨우치고 말았어야 했다.

이번엔 SNS를 탐색하기 시작했다. 당장 병원에 입원시켜도 이상하지 않을 것 같은 사람들이 줄줄이 사탕처럼 나왔다. 그래서 하마터면 진지하게 우리나라 인구 걱정이라도 할 뻔했다. 정신을 차리고 탐색을 이어갔다. 하지만, 머지않아 어떤 여자 사람을 맞닥뜨리게 되면서 다시 멈칫하게 되었다. 당장에라도 자신을 찢어 죽여 버릴 것 같은 끔찍한 자해 사진들, 소름 끼치게 무섭고 진지한 유서와도 같은 문장들…. 나는 순간 이 알 수 없는 여자가 진짜로 죽어버리기라도 할까 봐 걱정을 하고 있었다. 쓸데없는 오지랖이 또 도졌다고 생각하며 서둘러 그녀를 벗어났다. 얼마의 시간이 지났을까, 분명 나는 나의 길을 가고 있는데 머릿속에는 온통 그녀 생각뿐이었다. 위태로운 모습으로 벼랑 끝에 서 있는 게 또 다른 나를 보는 것 같았다. 절박해 보였다. 누가 누굴 걱정하는 건지 말도 안 되는 상황임에도 자꾸만 신경이 쓰였다. 이런 나라도 두 손을 내밀어 그녀를 어떤 구렁텅이에서 간절히 꺼내주고 싶었다.

죽고 싶다는 말은 아이러니하게도 살고 싶다는 외침이라고. 그 말에 나는 깊이 공감하곤 했다. 잘 살고 싶어서, 누구보다 잘 해내고 싶은 마음이 무너져 내릴 때 종종 눈앞이 캄캄해지곤 하니까. 캄캄한 어둠 속에 갇혀 영원히 빠져나올 수 없을 것만 같은 두려움은 겪어 보지 않으면 모른다. "똑똑" 그녀에게 메시지를 보냈다. '읽지 않음'이 왠지 '읽고 싶지 않음'이라고 보인다. 답을 기다리는 1분 1초가 몇 시간처럼 더디게 느껴졌다. "안녕하세요" 용기를 내 두 번째 메시지를 보냈지만, 여전히 '읽고 싶지 않음'이다. 그 후로도 내가 칠흑 같은 어둠을 빠져나오고, 다시 기어들어 가는 날들이 반복됐지만 끝내 그녀의 답은 들을 수 없었다. 그녀의 시간은 여전히 과거에 머물러 있을 뿐이다.

정답은 없다. 지금까지도 그랬고, 앞으로도 그럴 것이다. 하지만 분명한 사실은 앞으로 나아간다는 것이다. 어떤 모습으로든, 내가 나를 놓지 않는다면 말이다. 다만, 그 얘기가 하고 싶었다. 전하지 못한 말들이 마음속에 가시가 되어 한 번씩 거치적거릴 때마다, 내가 조금 더 빨리 그녀를 알았더라면 어땠을까 생각을 하곤 한다. 그녀와 닿지 못한 죄책감으로 나는 더 열심히 살아야 할 것만 같다. 그래서 그녀와 비슷한 사람들, 비슷하지 않은 사람들 모두에게 그녀의 몫까지 행복을 빌어줘야 한다고.

나만 혼자인 것 같을 때

가끔 홀로 물속에 내던져져 있는 것 같다
눈앞은 캄캄하고, 귀는 먹먹하고
무섭도록 고요하고 깊은 정적 속에서
한도 끝도 없이 가라앉고 있다고 느껴질 때가.

분명 혼자가 아닌데
가족도, 친구도, 동료도
멀지 않은 곳에 항상 존재하지만
그런 사실이 위로되지 않을 때가 있다.

조건 없는 이해와 위로가
그 어느 때보다도 절실한데
아무도 내 마음 따위는 안중에 없고
알아주지도 않는 것 같다.

무슨 일을 해도 진척이 없고
어떤 말을 해도 소통이 안되고
필요한 사람은 곁에 있는 듯 없고
그런 날은 갑작스레 한 번씩 찾아와
나의 마음을 세차게 두드린다.

한 번도 열어주고 싶었던 적 없었는데.

흉터

튀어나온 못을 발견하지 못하고, 침대에 뛰어들었다가 무릎 아래로 긴 상처가 생겼다. 어제까지도 없던 못이 어디서 갑자기 튀어나온 건지. 피가 제법 났고, 긁힌 부위도 가볍지 않았다. 다행히 당장 병원에 갈 정도는 아니어서 며칠 약만 발랐는데, 생각보다 오랜 기간 더디게 낫는 상처 부위 때문에 피부과에 방문했다. "상처가 흉터로 남지 않게 해주세요." 뒤늦은 염원을 담아, 의사 선생님께 간곡히 부탁했다. 그때 선생님께서는 대략 이런 말씀을 하셨던 것 같다. "흉터는 상처가 생길 때 정해지는 것이지, 뒤늦게 치료받는다고 해서 안 생기는 건 아니에요." 병원에만 오면 다 해결될 것이라 믿었던 마음이 산산이 부서졌다. '아, 이미 흉터가 될 운명이었구나.'

작가 글배우는《아무것도 아닌 지금은 없다》에서 "상처를 숨긴다면 상처는 계속 상처가 된다."라고 말했다. 추측하기에 상처는 치유할 수 있을 때 꺼내 치유하고, 훌훌 털어버려야 한다는 의미로 보였다. 하지만 상처를 제때 치료한다고 해서, 흉이 지는 걸 막을 수는 없다는 사실을 이번 일로 깨달았다. 흉터는 이미 상처가 난 그 순간에 운명처럼 정해진다.

계획대로 굴러가지 않는 인생에는 우리만 모르는 또 다른 계획이 준비되어 있는 듯하다. 상처를 받는 것도, 주는 것도 내 마음대로 할 수 있는 일은 아니며, 그 상처의 크기나 깊이도 제각각이다. 상처는 때로 생채기처럼 가볍게 스쳐 지나가기도 하지만, 때로는 인생 전체를 뒤흔들 만큼 골이 깊은 아픔이 되기도 한다. 다행히 일상 속에서의 숱한 상처들은 시간이 지나면 대부분 사라지거나 잊힌다. 문제는 흉터가 되는 상처들이다. 상처가 생기는 순간에 운명처럼 새겨지는 '흉터'라는 이름의 상처는 기어이 흔적을 남긴다. 잊을 수도 없게 몸과 마음에 새겨져 오랜 세월을 함께한다.

나는 그날 못에 긁힌 사고로 무릎 아래로 큰 흉터가 생겼고, '이제 평생 치마는 다 입었다'고 생각했었다. 그런데 어느 날, 자연스럽게 치마를 입고 있는 내 모습을 발견했다. 뒤늦게 생각난 흉터를 그제야 확인했다. 그도 그럴 것이 치마를 막 입고 다닐 수 있을 정도로 흉터가 흐려져 있었다.

생각해 보면 흉터가 처음이었던 건 아니었다. 어린 시절 기억도 안 나는 흉터, 불운한 사건으로 인해 남겨진 흉터도 이미 군데군데 자리 잡고 있었다. 단지, 잊고 있었을 뿐. 시간이 흘러 무언가로부터 멀어지는 일이 꼭 슬픈 일만은 아닌 것 같다. 제아무리 흉터라도 시간 앞에서는 찰나에 스쳐 가는 작은 바람에 불과할 것이고, 나에게서도 점점 멀어지게 될 테니. 그리고 흉터가 흐려지는 만큼 나쁜 기억에서도 차츰 달아나게 될 것이고.

세 가지 인연

✳

 "세상엔 잡을 수 있는 인연이 있는가 하면, 놓아야 하는 인연도 있습니다. 그리고 처음부터 아무것도 아닌 인연도 있습니다." 언젠가 화제가 되었던 드라마 《궁》에서 비운의 왕자 이율 역을 맡은 배우 김정훈 씨의 명대사다.

 몇 번이나 봤던 드라마였지만, 봤던 걸 반복해서 보는 습관으로 제대로 마주한 장면이었다. 분명히 봤던 장면이었고, 들었던 대사였는데, 신기하게 관련된 모든 장면들이 처음처럼 느껴진다. 그래서 다시 보기가 좋다. 볼 때마다 다르게 다가온다. 내가 처한 상황이나 생각에 따라 새롭게 보이기도 하고, 미처 지나쳤던 걸 발견하기도 한다. 지금처럼. 나는 먹던 밥숟가락을 내팽개치고, 냅다 책상 앞에 앉았다. 그리고 즉시, 내가 아는 인연들을 총동원해 '세 가지 인연'이라는 도마 위에 올려놓고 헤아리기 시작했다.

1. 잡을 수 있는 인연
2. 놓아야 하는 인연
3. 처음부터 아무것도 아닌 인연

  많은 사람들을 대상으로 문제 풀이하듯 이리저리 대조해 보고, 수일을 고민해 보았다. 하지만 아쉽게도, 끝내 명확한 답은 없었다. 가만히 생각해 보니, 인연이라는 건 애초에 우리가 범접할 수 있는 영역의 것이 아니었다. 인연은 내가 잡는다고, 혹은 놓는다고 해서 마음처럼 되어지지 않는다. 가령 당장 원하던 대로 이루어졌다 해도, 그것이 언제까지 옳은 선택일지는 아무도 장담할 수 없는 것이다.

  불교 용어 중에 "시절 인연"이라는 말이 있다. 자연의 섭리처럼, 모든 인연에는 '때'가 있다고 한다. 때가 되면 저절로 만나게 될 것이고, 때가 다하면 헤어지게 된다는 뜻이다. 결국 이름도 뜻도 다르지만 '세 가지 인연'도 맥락은 크게 다르지 않다. 얼핏 보면 세 가지 인연은 내 의지로도 충분히 좌지우지할 수 있을 것 같지만, 실상은 그렇지 않다. 사전에 표기된 인연의 뜻은 '사람들 사이에 맺어지는 관계'이다. 관계란, 필시 한 사람이 아닌 맺어진 사람과 사람이 함께 이끌어 가는 것이다. 혼자의 힘만으로는 붙잡는 것도, 놓는 것도, 아무것도 아닌 인연이 되는 것도 가당치 않은 일이다.

설사 정해진 '때'가 없다 하더라도 말이다. 슬프게도, 인생에는 아무리 노력해도 나의 힘만으로는 안 되는 것들이 존재한다.

그렇다면 할 수 있는 일은, 안 되는 것에 매달리며 한탄하기보다 지금 곁에 있는 사람들에게 최선을 다하는 것뿐이다. 지나간 인연은 홀연히 떠나보내자. 현재의 인연에게 집중하자. 각각에게 주어진 인연의 끝이 어떠할지는 겪어보지 않으면 모를 일이지만, 훗날 어떤 인연이 되더라도 최선을 다했다면 후회는 없을테니. 그러니 지금 당장 용기내어 표현하자. 인연의 끈이 다하기 전에 얼마나 고맙고, 사랑하는지. 늦지 않게 고백했으면 좋겠다.

"친구야, 내가 항상 고맙고… 사랑하는 거 알지?"
"너 술 마셨냐?"

멍청이

할 얘기가 있었는데, 들어주느라 못했다
오늘도 그랬고, 어제도 그랬고, 늘 그런 식이었다
나의 숱한 다짐들은 네 앞에만 서면 무너져 내리고
가끔 그런 내가 멍청이 같을 때도 있지만
휘둘리는 것도 그리 나쁜 일 같지는 않았다.

그 덕분에 누군가는 행복했을 테니.

누구나 길을 잃는다

✳

 나는 그야말로 길치다. 핸드폰이 없으면 어디도 갈 수가 없다. 조금만 더 옛날에 태어났으면 얼마나 많은 길을 헤매고 다녔을지, 생각만 해도 아찔하다. 스마트한 세상에 사는 덕분에 고맙게도 편안한 삶을 누리고 있다. 그러나 아무리 스마트한 세상이 온다 한들 방황할 수밖에 없는 길들이 있다. 인생에서 마주하는 수많은 갈림길들. 이 길 앞에서도 나는 자주 멈춰서서 헤매곤 한다.

 때론 옳은 길이라 믿고 걸었던 길이 잘못된 길일 때도 있었고, 잘못된 길이라 여겼던 길이 의외로 괜찮은 길이었던 때도 있었다. 멀쩡히 잘 가고 있던 길에서도 때때로 의문을 품고 방황한다. 돌아갈 수도 없고, 나아갈 수도 없는 인생의 과도기 같은 경험은, 비단 내 얘기만이 아닐 것이라.

 누구나 탄탄대로의 길만을 걷고 싶어 하지만, 아쉽게도

그런 인생은 없다. 인생에는 반드시 거쳐야만 하는 수없이 많은 길목들이 펼쳐져 있다. 때로는 꽃길을, 때로는 가시밭길을 만나게 될 것이다. 지금 이 순간도 어느 길모퉁이를 지나고 있을 사람들에게. 끝인 것 같아도 끝날 때까지 끝난 게 아니다. 어떤 연유로 한곳에 너무 오래 머물러 있지 않길 바란다. 어떻게든 길은 지나게 되어 있고, 천천히라도 나는 '나의 길'을 가면 된다.

중요한 건 길을 잃느냐 잃지 않느냐가 아니라, 그럼에도 불구하고 계속 나아가는 것이다. 어떻게든 이 수만의 길들을 지나고 보면, 어떤 길도 거칠 게 없는 무적의 나를 만나게 될 것이다.

마음껏 흔들리고, 마음껏 삶에 젖어 들자.
"문밖에 길들이 다 당신 것이다."•

• 이병률 지음, 《끌림》, 달, 2010.

정답 없음

차라리 인생에 정답이 있었으면 좋겠어
지금 내 앞에 놓인 여러 가지 고민들이
더는 길을 잃지 않게.

시간은 아무것도
해결해 주지 않았다

언젠가 누군가가 쏜 총에 맞아 쓰러지고 말았다. 어느 정도 예견했던 일이었음에도 후폭풍은 거셌다. 가슴에 영원히 메워지지 않을 것 같은 큰 구멍이 났다. 정신을 못 차리고 있는 내게 사람들은 하나같이 말했다.

"시간이 지나면 다 괜찮아질 거야."

드라마《정신병동에도 아침이 와요》에서 정신병동 간호사로 등장하는 박보영 씨 역시 어떤 사건으로 인해 큰 아픔을 겪게 된다. "시간이 약이다."라는 주변 사람들의 조언에 따라 그녀는 아픔을 잊고자 생활 계획표까지 짜는 열정을 보이며 바쁜 일상을 보낸다. 그러나 아픔에서 헤어 나오기 위해 아무렇지 않은 척 일상을 보내던 그녀는 결국 터져버리고, 심각한 우울증에 걸려 끝없이 추락해버린다. 박보영 씨는 극 중 대사에서 "안 괜찮아, 나는 하나도 안 괜찮았거

든? 근데 사람들이 자꾸 괜찮냐고 물어봐."라고 말하며 쾅 하고 울음을 터뜨린다. 그리고 그녀의 독백이 이어진다. "시간은 아무것도 해결해 주지 않았다. 모두가 일상으로 돌아갔는데 나만 아직 그때 그 자리다."

나 역시, 사람들의 말처럼 시간이 지남에 따라 나아질 거란 희망을 품었었지만, 나아지기는커녕 점점 더 깊은 수렁에 빠져들었다. 사람이 어디까지 추락할 수 있는지, 끝없는 어둠 속에 오래도록 갇혀 있었다. 끝내 괜찮아졌는지는 글쎄다. 다만, 한 가지 달라진 점이 있다면, 어둠 속에서도 한 걸음씩 나아가는 방법을 터득했다는 것이다. 어떠한 수단과 방법을 동원하더라도 '있던 일'이 '없던 일'이 될 수는 없기에. 결국 나는 묻어두고 사는 법을 선택했다.

분명하게 말할 수 있는 건, '시간'이 어떤 어려움에서 점점 멀어지게 해줄 수는 있지만, 답은 아니라는 것이다. 난관에 봉착할 때마다 해결할 수 있는 건 언제나 '나' 자신뿐이다. 한때 애꿎은 시간만 하염없이 흘려보낸 적이 있었다. 당장 아무것도 할 수 없을 것 같은데, 시간 죽이기란 너무나도 쉬웠으니까. 그러면서도 이런 바보처럼 염치없는 기대를 했다. "실패도 좋은 경험이라는데, 무엇이라도 남지 않을까." "어쩌면, 무언가는 달라지지 않을까."하고 말이다. 하지만 되돌아오는 건 허망함뿐이었다. 두 번은 없을 달력 속, 지나간 날짜들을 헤아리며 또다시 무너졌고, 끔찍하게 잘못을 뉘우쳤다. 더불어 그간의 공백을 두 배, 세 배로 채워 넣어야 하는 것도 온전한 나의 몫이었고.

에우리피데스가 "지나간 슬픔에 새로운 눈물을 낭비하지 말자."라는 말을 남겼듯, 내가 생각하는 현명한 인생살이 방법은 기쁠 때보다 슬플 때를 더 경계하는 것이다. 우울할 때, 힘들 때, 주저하는 시간이 길어지지 않도록 말이다. 어둠의 시간이 지체될수록 더 깊은 늪에 빠지게 된다. 힘들 때는 언제나, 지금 이 고비가 가장 괴롭고, 감당하지 못할 것만 같이 마냥 버겁다. 하지만 낱낱이 파헤쳐 보면, 그것은 당장 닥친 현실에 불편해진 나의 생각과, 그 생각이 불러온 부정의 감정일 뿐이다. 언제나 시련은 한 줄의 예고도 없이 불쑥 찾아온다.

우린 '지금'을 사는 사람이다. 그렇기에 매양 지금이 제일 어렵고, 빡세다고 느껴질 뿐이다. 과거를 회상해 보면, 기억은 일부 감정과 파편적인 장면들뿐이다. 기억은 왜곡되기 마련이며, 모든 일을 일일이 끄집어낼 수도 없다. 결국, 지나간 일은 이미 나를 지나쳐 간 시간이라는 것이다. 중요한 건 오늘, 바로 이 현실이다.

과거부터 현재까지 숱한 시련과 고비를 넘나들었을 사람들에게 이 말을 전하고 싶다. 날로 다사다난한 세상이다. 행복만 바라주고 싶은 마음인데, 그 쉬운 말이 선뜻 입에서 떨어지지 않는다. 그럼에도 뻔뻔하게 바라본다. 마냥 행복할 수는 없겠지만, 어떤 순간에도 한 줌의 희망을 놓지 않기를. 한 치 앞도 보이지 않는 어둠 속에서도 당신만의 반딧불을 찾을 수 있기를. 힘든 시간이 아무리 찾아와도 결국 다 지나간다. 지금까지 버텨왔던 것이 그 증거다.

지나가든 다가오든 '시간'은 시간일 뿐이다. 다시 앞으로 나아갈 수 있는 건 본인만이 할 수 있는 일이고. 잘 해낼 거라 믿는다. 믿는 만큼 이루어진다고 한다. 나는 변함없이 믿고, 응원할 것이다. 넘어져도 결국 다시 일어나, 세상을 향해 전진하게 될 당신을. 끝끝내 행복으로 충만해진 삶을 누리게 될 당신을.

용기가 필요한 순간

넘어지고, 주저앉는 사람들에게 필요한 건
직접 일으켜 세워 줄 사람이 아닌 용기.

스스로 일어날 수 있는 용기
누군가의 손을 잡을 용기
다시 시작할 수 있는 용기

용기 없이 할 수 있는 일은 아무것도 없다.

몰아치는 파도로 언제고 다시 무너진다 해도
하루하루를 용기로 쌓아올려야만 한다.

혹시 모를 일이다.
모래성이 부서지고, 부서지길 반복하다 보면
무너지는 일이 아무것도 아닌 일이 될 수도 있고.

또 혹시 모를 일이다.
언젠가 파도가 제풀에 지쳐
'저 모래성은 건드리지 말자.'하고
도망치게 되는 날이 올지도.

꼬리 물기

가까운 지인과의 약속으로 즐거운 만남의 자리를 가지고 헤어졌다. 그로부터 며칠이 지나지 않은 날이었다. 얼마 전에 만났던 지인에게 전화가 걸려왔다. "그때는 그냥 그러려니 하고 넘어갔는데, 생각하면 할수록 이해가 안 가서 말이야. 너 그때 말한 거, 무슨 뜻으로 한 얘기야?" 예상치 못한 질문이 훅 들어와 갑자기 뒤통수를 세게 얻어맞은 듯 얼얼한 기분이 들었다. 할 말이 없었다. 아무 뜻도 없었고, 아무 의미도 없는 그대로의 말이었다. 나는 도리어 이 사람이 나에게 왜 그러는 건지, 순간 깊은 고뇌에 잠겼다. 당장 말문이 막혔지만, 침묵의 시간이 길어질수록 또 다른 오해를 만들 수 있어 쉽게 떨어지지 않는 입을 열었다. "일단 오해하게 만들어서 미안해. 정말 어떤 다른 의미나, 숨은 뜻 같은 건 없었어." 지구의 평화를 지키는 용사의 비장한 마음으로, 최대한 예쁘게 상황을 무마했다. 상대방을 납득시키기 위해 애써 하지 않아도 되는 말까지 구구절절 늘어놓은 후였지만, 정작 나 자신은 납득이 되지 않는 상황이었다.

 때로 나의 의도와는 다르게 상황이 흘러갈 때가 있다. 내가 아닌 이상, 나의 마음을 온전히 이해해 줄 이는 세상 어디에도 없기 때문이다. 말도 마찬가지이다. 말 한마디는 활시위를 떠난 화살과도 같다. 상대에게 어떻게 꽂힐지는 받아들이기 나름이다. 개인의 생각은 자유이니 말이다. 하지만 어떤 생각이라도 살을 계속 덧붙이다 보면, 소통의 수단으로만 쓰이던 화살도, 언제든 자신을 해하려는 살생 무기로 바뀔 수 있다는 건 문제다.

 "너무 많은 생각은 독이다."라는 말이 있다. 생각은 하면 할수록 꼬리 물기가 되어 버린다. 인생에 정답은 없고, 생각엔 밑도 끝도 없다. 어떤 면에서는 깊게 생각해야 할 필요성도 있겠지만, 모든 일에 대해서 복잡하게 의미를 부여하지 말자. 어쩌면 인생은 심플하게 사는 게, 가장 좋은 방법일지도 모른다.

입장 차이

아무것도 바라는 것 없이 베풀었는데
서운한 마음이 드는 건 왜일까
상대방도 나에게 잘 대해 줬는데
내가 기대에 부응하지 못했는지
서운한 마음을 온몸으로 토로한다.

본인들이 베푼 건 반드시 기억하면서
받은 건 당연한 일이 되고
쉽게 잊어버린다
서로에게 소리 없이 서운함만 쌓여 간다.

나보다 타인을 먼저 알아주기
그리고 인정해 주기
입장 차이를 좁히는 방법은
생각보다 간단한 일인지도 모른다.

사실은

별거 아닌 그 사람 때문이 아니라
별거 아닌 그 사람을
과도하게 신경 쓰고
잘 보이려고 한 나 자신에게
화가 나는 거야.

인생 뭐 없잖아요

인생에 대해 완전히 모르던 깜깜이 시절부터 난 "인생 뭐 있어?"라는 말을 남발하고 다녔다. 옆에서 가만히 내 얘기를 듣고 계시던 엄마는 그때마다 꼭 나를 꾸짖으셨다. 새파랗게 젊은 애가 벌써부터 인생을 다 아는 양 얘기하는 본새가, 엄마로서는 보기 싫으셨을 법도 하다.

10대에도 20대에도 30대가 되어서도 나는 인생이 별거 없었으면 하고 늘 바랐다. "인생 뭐 있냐."라는 말처럼 딱 그만큼만이라도 삶을 가볍게 살고 싶었다. 가볍게 살지는 못해도 가벼운 마음으로 삶을 대하고 싶었다. 그 말이 씨가 되도록 입 밖으로 내뱉고, 하루씩 살아내다 보면 정말 그런 날이 오진 않을까 해서.

주식이나 코인처럼 한 사람의 생애도 차트로 그릴 수 있다면 어떨지 상상해 본다. 끊임없이 발발하는 어떤 상황에 차트 곡선은 이리저리 요동칠 것이 분명하다. 한 지점에 계속해서 정지해 있다는 건, 죽은 것이나 마찬가지일 테니까. 살아 숨 쉬는 모든 것들은 계속해서 움직이고 변화한다.

끝인 것 같아도 바다 밑에 또 바닥 있다고, 끝도 없이 추락할 때가 있다. 하는 일마다 술술 풀려 늘 오늘만 같기를 바라고 바라며, 행복한 잠자리에 드는 날도 있을 것이다. 그러나 안온하고 평화로운 날들만 계속되는 세상은 없다. 반대로 나쁜 일만 계속 일어나는 세상도 없다. 살아있다는 건 그런 것이다. 어느 날 내 인생에 어떤 손님이 찾아오더라도 맞아들일 수밖에 없는 것. 그것이 기쁨으로 오든, 슬픔으로 오든.

나는 여전히 인생을 잘 모른다. 알기도 무섭고 부러 알고 싶지도 않다. 하지만 한 가지는 안다. 인생은 그 어떤 것보다 다채롭다. 한 치 앞도 알 수 없는 인생이기에 우리는 꿈을 꾸고, 희망이라는 꺼지지 않을 불씨를 지필 수 있다. 한때는 별일 없는 잔잔한 삶을 바랐었지만, 한 번씩 인생을 되돌아봤을 때 어떤 별일이 있었기에 더 단단하고, 강한 내가 될 수 있었다. 인생에 뭐가 있다는 것은 큰 축복이다.

"인생 뭐 있어?"
"응, 많이."

끝나지 않은 이야기

긴긴밤은 여전히 끝이 없는데
계절은 잘도 바뀐다.

내내 봄을 기다려왔는데
어느새 여름의 끝 무렵에 다다랐고
금세 가을을 넘어 겨울일 것이다.

다시 또 난 봄을 기다릴 테지
찬란한 나의 봄을.

2부

찬란하지 않은 찰나의 순간들까지도

> 찬란하지 않으면
> 안 될 것 같아서

※

 누구나 행복하고 특별한 인생을 살기를 강박처럼 바란다. 극단으로 치달아가는 요즘 현실은 행복하지 않으면 뒤처지고, 실패한 인생이 된 것 같은 생각까지 든다. 잘 알지도 못하는 남과 수시로 비교하고, 경쟁하며 스스로를 몰아붙인다. 하지만, 끝없이 물을 부어도 뿌리 없는 나무는 결코 푸르러지지 않는다. 껍데기가 아닌 진짜 행복의 본질에 대해 생각해 볼 때다.

 "행복하세요." "행복한 하루 보내세요." 행복이 포함된 인사말이 언제부턴가 자연스럽게 쓰이고 있다. 아무래도 불행하고 싶은 사람은 없을 테니까. 영화 《인사이드 아웃》에서는 모든 사람들의 머릿속에 각각 감정 컨트롤 본부라는 곳이 있다. 그곳에 '기쁨, 슬픔, 버럭, 까칠, 소심'이라는 다섯 가지 감정이 등장인물로 나온다. 그들은 시시각각 변화하는 우리의 상황에 맞춰 적절한 감정을 배치해 주는 역할을 하며, 자신들이 맡은 한 여자아이의 행복을 진심으로 바란다. 핵심 내용은 등장인물인 '기쁨'이가 메인이 되어 주인공의 행복을 위해 고군분투하지만, 결국에는 기쁨만이 인생의 전부가 아니며 나머지 감정들도 각자 존재 이유가 있음을 깨닫는다.

일련의 많은 일들이 모이고 모여 하나의 인생이 만들어진다. 그 가운데에서도 '행복'이라는 감정은 절대적으로 우리 삶에 빠질 수 없는 양분이다. 그러니 행복하고 싶은 건 사람들의 당연하고도 기본적인 욕구다. 그렇지만 꼭 행복한 것만이 좋기만 하고, 행복하지 않다고 해서 나쁘기만 한 것은 아니다. 행복이 인생의 전부라 생각지 말자. 그렇게 되면 '행복의 안위' 하나로 인생은 수도 없이 흔들리게 될 것이다. 무엇이든 집착하고, 연연하다 보면 오히려 그것은 멀리 달아나 버리는 법이다. 행복을 좇으려 애쓰기 보다, 자연히 행복을 쫓아오게 만들자.

책《명언의 힘》에서는 행복의 조건을 이렇게 말했다. "진정한 행복은 행복한 삶의 조건을 만드는 것이 아니라, 행복해야 한다는 강박 관념으로부터 자유로워지는 것. 행복의 조건 자체로부터 자유로워지는 것입니다."

기다림이 길어지더라도

"스승님을 찾습니다."

내게는 별 볼일 없는 중학교 시절을 빛나게 만들어 준 선생님이 한 분 계셨다. 기쁠 때나 슬플 때나 항상 곁에서 가슴을 열고, 귀를 기울여주던 그때 당시 유일한 어른이었다. 대부분 나 혼자 일방적으로 주절주절 떠들어대기 일쑤였지만, 선생님께서는 싫은 내색 한 번 없이 내가 찾아가면 언제나 두 손을 꼭 붙잡고, 한결같은 미소로 나를 반겨주셨다. 선생님이 계셔서 재미없는 학교생활이 싫지만은 않았다.

"만남이 있으면 이별이 있다."라는 말을 끔찍하게 싫어하게 된 건 선생님과의 헤어짐이 시초였다. 2년을 함께한 선생님이 다른 학교로 전근을 가게 되셨기 때문에. 그래도 한동안은 선생님과 연락도 주고받고, 몇 번 찾아뵙기도 했었다. 하지만 연락은 점차 뜸해지고, 결국 끊겨버리고 말았다.

어느새 선생님은 나의 삶에서 서서히 빠져나가고 있었다.

 문득 아침에 눈을 떴을 때, 뜬금없이 누군가가 사무치게 그리워지는 날이 있다. 그날이 바로 그랬다. 선생님과 헤어진 지 10년이 더 지난 아침. 갑자기 선생님이 안부가 무척 궁금했다. 나는 바로 묘안을 떠올렸다.

 경기도 교육청 사이트에 들어가면 '스승 찾기'라는 서비스가 있다. 이 서비스는 내가 중학생 시절에도 존재 했었는데, 그때 당시 스승님이 어디 학교에 계신지 검색하면 알 수 있는 시스템이었다. 그런데 갈수록 험한 세상이 되다 보니, 개인 정보 보호가 강화되고 스승 찾기 서비스에도 큰 변화가 생겼다. 스승 찾기를 교육청 쪽에 요청하면 선생님께만 제자의 연락처를 전달해 주는 방식이었다. 연락처를 받은 선생님들은 제자에게 연락을 할 수도 있고, 안 할 수도 있다. 선생님들의 선택에 맡기는 것이다. 그도 그럴 것이 과거의 선생님들을 찾아가 그때는 왜 그러셨냐며, 따지고 보복을 하러 오는 경우가 있다고 한다. 반가운 마음에 제자를 만났던 선생님들이 변을 당하는 일도 생기다 보니, 선생님들 입장에서는 오랜만에 자신을 찾아온 제자들이 반가우면서도 선뜻 만나기는 어려울 수도 있을 것 같다.

선생님께서는 답이 없으셨다. 나의 연락처를 선생님께 전달해 드렸다는 교육청의 문자 한 통만 수신됐을 뿐이었다. 처음에 며칠은 핸드폰만 계속 들여다보면서도 바쁘신가 보다 했다. 급하게 처리할 일이 있으신 거라고, 그래서 단지 연락할 여유가 없으신 것뿐이라고 생각했다. 끝끝내 나에게 연락이 오지 않을 것이라고는 상상조차 하지 못했다.

일주일이 지나고부터는 기다림이 점차 원망으로 바뀌게 됐다. 그러면서 선생님과의 행복했던 추억 마저 변질되고 있었다. 언제나 한결같던 미소도, 달콤한 말들도, 다 거짓이었고, 사실은 내가 귀찮고, 싫었던 거라고. 실망이 컸던 나는 내 맘대로 선생님을 의심하기 시작했다. 기대했던 만큼 왠지 모를 배신감은 더 크게 와닿았다.

그렇게 시간은 흘러갔다. 그즈음 선생님에 대한 생각도 원망도 점차 흐릿해지고 있었다. 그러던 어느 날 우연히 핸드폰을 뒤적이다가, 예전에 받았던 교육청의 문자를 다시 보게 되었다.

"스승님께 연락처를 전달해 드렸습니다"

문자를 보는 순간, 서운함은 온데간데없고 참 감사한 마음이 들었다. 선생님께서 운명을 달리하셨다거나, 퇴직하셨다거나 하는 소식이었다면 아마 오래도록 슬퍼했을 것이다. 내가 찾고 있다는 소식은 영영 닿을 길이 없었을 것이다. 연락 하나 오지 않은 게 대수인가. 선생님께서 건강하고, 또 여전하게 어딘가에서 교직생활을 이어 나가고 계신 것이니 얼마나 다행인 일인지. '당장 선생님께 연락이 오지 않았다는 사실과 급급함에 눈과 마음이 어두워져 감사함을 잊고 있었구나. 내가 너무 내 생각만 했었구나.' 깊은 반성을 하게 됐다.

공자께서 이르시길 "상처는 잊되, 은혜는 결코 잊지 말라."라고 하셨다. 나는 이기적이게도 감사함만을 까맣게 잊고 있었다. 아무리 세월이 지나고, 시간이 흘렀어도 잊어서는 안되는 것들이 있다. 무슨 이유에서든 내 마음 편하자고, 지난날을 변화시키는 일 따위는 없어야 한다. 변하는 건 추억이 아니라 내 생각일 뿐이니까.

이제 더이상 연락에 연연하지 않는다. 만나게 될 사람은 어떻게든 만나게 된다. 선생님과의 인연의 끈이 아직 남아 있다면, 일부러 애쓰지 않아도 언젠가는 만나 뵐 수 있지 않을까 하는 바람만 있을 뿐이다. 여행을 떠나기 전의 기다림이 가장 설레고, 행복한 일인 것처럼. 내 인생에 언제 다시 올지 모르는 누군가를 기다리는 일 또한, 이루 말할 수 없는 참 기쁨이다.

사랑이었다

　너무 설레어서 뜬눈으로 밤을 지새우고도 피곤함을 못 느낀다. 자존심 따위는 던져 버리고 수시로 안부를 묻는다. 누군가를 기다리는 1분 1초가 더디게만 느껴진다. 평소 전화보다 문자를 대놓고 선호하지만, 조금이라도 목소리를 더 듣기 위해 시간 가는 줄 모르고, 전화 통화에 귀를 기울인다. 연락이 뜸해질 때면 핸드폰 전원을 껐다 켰다 수시로 확인하며 통신망 상태를 확인한다. 함께할 때면 너무 행복해서 '차라리 시간이 멈춰 버렸으면.' 하고 바란다.

　한 사람의 표정과 행동 하나에 천국과 지옥을 수시로 오간다. 내 마음대로 안 되는 사람에게 어린아이처럼 울어도 보고, 떼도 써본다. 너무 아픈데 병원도, 약도 없다. 끝끝내 손에 잡히지 않는 사람이 있음을 알게 된다. 마지막이라는 시간이 찾아온다. 뭘 해도 공허한 마음과 채워지지 않는 빈자리를 술로 채운다. 한 사람을 기억에서 지울 수 있는 최면

술, 기억을 지우는 약 같은 허무맹랑한 술수를 알아본다. 결국은 다 부질없는 일임을 깨닫게 된다. 한참의 시간이 흐른 후에야 미련도 후회도 날려 버리고, 진심으로 명복이 아닌 행복을 빌어준다.

조금 많이

딱히 과거로 돌아가고 싶은 건 아니지만
다만 조금 그립다.

딱히 후회하는 건 별로 없지만
다만 조금 아쉬움은 남는다.

딱히 좋아했던 건 아니지만
다만 조금 보고 싶긴 한 것도 같다.

다만, 조금 많이.

썰물 때는 온다

※

 '혼자'라는 것, 그것에 대한 로망은 처음부터 없었다. 그 단어만 들어도 금세 황량해져 을씨년스러운 기분이 들곤 하니까. 하지만 막상 혼자가 되었을 땐 이상하게 그 사실이 싫지만은 않았다. 마치 혼자가 될 거라는 걸 알고 있던 사람처럼.

 수국이 절정에 만발할 때쯤 태종사에서 하는 수국축제도 구경할 겸, 급하게 부산으로 떠났다. 출발하기 전, 비 소식이 있어 염려했던 게 기억이 난다. 우려와는 달리, 크고 예쁜 색색깔의 수국이 사람 수만큼이나 많았다. 혼자였지만 호기롭게 사진도 찍고, 사찰도 구경하며 즐거운 시간을 보냈다. 한참 신나게 꽃구경을 하고 나니 웬 가판대가 눈에 띄었다. 얼핏 보니 나무 팻말들이 가득했다. 나무 팻말에는 정성스러운 손글씨의 캘리그래피가 쓰여 있었는데, 쓱 훑어보니 누구나 알 만한 유명 명언들이었다. "이런 건 또 못참지."

수국축제랑은 어울리지 않는 조합이지만, 그래도 기념품은 하나 남기고 싶었다. 여러 팻말 중 금세 하나가 눈에 들어왔다. 처음 보는 명언이었는데 캘리그래피도 예쁘고, 뜻도 당연히 좋을 거라 생각이 들어 선뜻 구매했다. 팻말에 내용은 이랬다.

"반드시 반드시 썰물 때는 온다."

사전적 의미로 '썰물'은 해안의 바닷물이 육지에서 바다 쪽으로 빠져나가며 해수면이 낮아지는 동안을 말한다. 지금 막 당신의 머릿속에 떠오르는 '물 빠진 황량한 갯벌' 그 상태가 맞을 것이다. 나는 지금 바다인데 바닷물이 다 빠지고, 바닥이 보이기를 기원하는 모양새가 되어 버린 것이다. 그렇다, 완전히 거꾸로 쓰인 '잘못된' 명언이었다.

애써 기억하지 않아도 단숨에 외워지는 것이 있다. 또, 아무리 머릿속에 욱여넣으려 해도 이상하게 새겨지지 않는 것도 있고. 나에겐 밀물과 썰물이 그랬다. 유년 시절부터 그 두 가지를 유독 헷갈려 했다. 밀물이 뭔지, 썰물이 뭔지 똑같은 질문을 여러 번 해대는 바람에 혼이 나면서도 끝내 명확해지진 않았다. 그래도 설마설마했다. 나 같은 사람이 또 있을 거라고 상상이나 했을까. 심지어 내놓고 파는 물건인데, 잘못될 리 없다고 생각했다. 일말의 의심도 없이 그걸 좋다고 샀다, 나는.

 무턱대고 가져온 그 팻말은 시간이 지날수록 왠지 나를 거북하게 만들었다. 부산에서 집으로 오는 길이 그랬고, 집에 가져와 벽에 걸고, 벽에 걸린 그 문구를 보는 순간순간마다 그랬다. 마음 한구석이 이상하게 덜컹거렸다. 불신이 커질수록 잘못된 음식을 먹은 것처럼 속이 메슥거렸다. 하지만, 아무것도 할 수 없었다. 혹시라도 불편한 진실을 만나게 될까봐 두려웠다. 이번에도 내가, 내 불편한 마음이 들어맞지 않았던 거라고 억지로라도 믿고 싶었다. 그 후로도 한참 팻말을 들었다 놨다 하며 고심했지만, 결국 난 내가 믿고 싶은 대로 믿기로 하며 급하게 생각을 정리했다.

 몇 년이나 지났을까, 한참의 시간이 흘렀다. 나무 팻말과 우연히 눈이 마주쳤는데, 별다른 이유도 없이 갑자기 불쑥 용기가 났다. 검색해 보니, "썰물 때는 온다."라는 말은 역시 없었다. 반대로 "밀물 때는 온다."라는 명언은 미국의 강철왕으로 불리는 앤드류 카네기의 일화로 바로 찾아볼 수 있었다. "역시 내가 옳았어! 이건 틀린 게 맞아!"《명탐정 코난》의 한 장면처럼 수수께끼의 사건을 추리하고, 범인을 밝혀낸 듯한 통쾌함도 잠시 헛헛한 감정이 파도처럼 밀려왔다. 곧바로 가장 가까이서 나를 지켜본 엄마에게 하소연을

했다. 엄마는 "이미 알고 있었어, 네가 실망할까 봐 말하지 못했을 뿐이지."라는 말로 나에게 두 번째 충격을 안겨 주셨다.

찜찜한 일은 미뤄 둘수록 좋을 것이 하나도 없다는 걸, 뼈저리게 느끼게 된 사건이었다. 잘못을 제때 바로잡지 않으면 힘들어지는 건 본인뿐이다. 시간이 흐르면 흐를수록 점점 더 큰 덩어리가 되어 나를 옥죄여 올 것이다. 잘못된 처음 한 순간 때문에, 너무 긴 시간을 가시 박힌 채로 살았던 것이 한스럽다. 돌이킬 수 있는 시간이 충분히 있었는데도 불구하고, 일찍 용기내지 못했다. "그것참, 좋은 말이죠."라고 내 선택에 힘을 실어주던 장사꾼 아저씨를 탓할 주제도 못된다. 동지애를 느껴서, 아니 모든 사건의 원인은 의도하든 의도하지 않든 나로부터 시작된다는 것을 잘 알기에.

꼭 그 팻말 때문이었다고 생각하진 않지만, 우연인지 운명인지 시기상 내내 썰물 같은 시간이었다. 내가 그 팻말을 사지 않았으면 달랐을까. 아니, 더 빨리 잘못을 인지했더라면…. 지나간 시간을 붙잡고 아무리 떼를 써 봐도 되돌아오는 건 침묵뿐, 그 답을 내리는 건 잔인하게도 항상 나 자신이다. 진즉에 내려놓았어야 할 팻말을 이제야 내려놓으며, 지금이야말로 반드시, 반드시 '밀물' 때가 찾아오기를.

진짜 어른

간밤에 하품을 하다가 턱이 빠져버렸다. 처음 있는 일이라 허둥대기만 하고, 턱은 아픈데 별다른 방도가 떠오르지 않았다. 늦은 밤이라 당장 조언을 구한다거나 도움을 요청할 만한 사람도 없었다. 하는 수 없이 택시를 불러 근처 대학 병원 응급실로 발걸음을 재촉했다. 응급실엔 사람이 꽤 많았는데 내 상태가 급박해 보였는지, 접수한 지 얼마 되지 않아 진료를 볼 수 있었다. 한 쪽도 아니고 양쪽 턱이 다 빠지는 바람에, 의사 선생님께서 한참 진을 빼셨는데 결국 한 쪽 턱만 복구된 채, 대기실로 발걸음을 되돌려야 했다. 여전히 빠져 있는 턱을 부여잡고 막연한 기다림의 시간이 시작됐다. 처음에는 돌아보지 못했던 응급실 상황이 눈에 들어왔다. 응급실에 온 순간부터 이동할 때마다 관계자들이 보호자의 유무를 계속해서 물어왔던 게 그제야 신경이 쓰였다. 혼자 온 사람은 나밖에 없는 것 같았다. 하필 그날만 그랬는지 원래 응급실은 보호자를 동반해야 하는 곳인지, 다들 누군가가 옆에 있었다. 그 사실이 왠지 나를 위축 들게 했다. 생각해 보니 나도 응급실에 혼자 온 건 처음이었다. '항상 가족들이 울타리가 되어 내 곁을 지켜줬었는데….' 불현듯 가족들이 보고 싶어졌다.

생각보다 더 긴 시간을 병원에 머물러야만 했다. 두 턱이 제자리로 돌아가고, 처방약까지 받아들고서야 귀가할 수 있었다. 병원을 벗어나자마자 만난 새벽 길거리는 황량하기 그지없었다. 그 깜깜하고 외로운 새벽녘에 응급실을 나와 택시를 타고, 집으로 향하면서 새삼 깨달았다. 그동안 외면하고 있었을 뿐 이미 나는 어른이 되어 있었다고.

우리나라에서는 만 19세 이상이 되면 법적으로 성인이 되지만, 나이가 찼다고 해서 하루아침에 '진짜 어른'이 뚝딱 되어지는 것은 아니다. 그 기준은 모호하지만, 아마도 내가 한 행동에 책임질 수 있을 때, 누군가의 도움 없이 어떤 어려움도 혼자서 잘 헤쳐 나갈 때, 그런 순간순간들이 쌓이고, 쌓이면서 진짜 어른이 되어 가는 게 아닐까.

하루빨리 어른이 되고 싶었던 어린 날이 있었다. 그러나 정작 어른이 되어서는 진짜 어른이 될까 봐 무서웠다. 아마 직감적으로 알고 있던 모양이다. 어른이 된다는 건 아마도 혼자가 되어 가는 일임을. 어른 이전에는 결코 알지 못했던 수많은 외로움을 견뎌내야 하는 일임을.

나처럼 어느 날 문득 어른이가 된 사실을 깨닫게 된 이가 있다면, 너무 두려워하지 말라고 전해 주고 싶다. 너무 외로워하지도 말고. 당신만은 혼자가 아니니까.

취한 밤

술에 취해 집에 가는 길
멀고도 아득하다
열심히 걷고 걸어도
영원히 도달하지 못할 것만 같아

내가 매일 꾸는 꿈처럼.

머리를 자르고

✳

 머리카락이 어느 정도 자라 긴 머리가 되면 단발병이 도진다. 머리가 짧아야 하는 이유만 계속해서 생각나고, 거리를 걸어도 머리가 짧은 사람들만 눈에 띈다. 그 머리가 그렇게 예뻐 보일 수가 없다. "가장 빠른 시간이요." 고민은 짧게, 머리는 과감하게 싹둑 잘라버린다. 그 덕에 매번 실연당했냐는 오해를 사곤 하지만, 문제는 그것이 아니다.

 낯설어서일까, 머리를 자르는 순간부터 후회가 막심하다. "내가 뭐에 씌였었나?" 머리가 길었을 땐 그렇게 짧은 머리가 되고 싶더니, 머리가 짧아지니 그렇게 긴 머리인 사람들만 보인다. 그새 찰랑찰랑 길게 늘어뜨린 머리가 부러워, 황당을 넘어 황망하다. 할 수만 있다면 잘라 낸 머리카락들을 다시 붙이고 싶다.

 사람의 본능이라는 게 그런 것 같다. 여름이 오면 겨울이 아쉽고, 겨울이 오면 여름이 아쉬운 것 같이 항상 가질 수 없는 것들에 더 미련이 남는 법이다. 막상 갖게 되면 금세 싫증나서 변해 버릴 마음이 말이다. 그걸 알면서도 도대체 왜 매번 아쉽고, 미련한 일투성인지. 알다가도 모를 일이다.

소크라테스는 "가장 적은 것으로도 만족하는 사람이 가장 부유한 사람이다."라고 말했다. 만족하지 못한다는 건 채우고, 채워도, 채워지지 않는 공허함에 시달리는 일이다. 밥을 먹어도, 먹어도 배가 고픈 것과 같이. 사람의 욕심과 변덕은 스스로 멈추지 않으면 영원히 끝나지 않는 형벌이 될 것이다. 항시 작은 것에도 만족할 수 있는 마음을 갈고닦자. 오랜 시간이 걸리더라도 근면하면 결국 이루어지게 되어 있다. 가진 것에 '만족'할 줄 아는 마음의 자세가 곧, 행복으로 가는 길이 될 것이다.

후회하지 않겠다는 말

학창 시절, 거침없이 방황하던 나를 걱정하는 친구 한 명이 독설을 날렸다. "너, 나중에 후회하는 날이 올 거야."라고 말이다. 나는 당시에 '아니, 나는 절대로 후회하지 않을 거야.'라고 다짐했었다. 실로 그 다짐을 진짜로 만들기 위해 여차저차 방황을 끝내고, 남들보다 더 악착같이 열심히 살았다. 그리고 성인이 된 이후, 친구들을 만날 때마다 침을 튀기며 말했다. "나는 그때 방황했던 날들을 후회하지 않아, 그때 그애가 틀렸어."

시간이 더 지난 지금, 생각해 보면 고마운 일이다. 살면서 후회하는 일은 밥을 먹고, 잠을 자는 것처럼 지극히 자연스러운 일이다. 우리는 늘 크고 작은 선택을 하고, 100% 완벽한 선택이란 있을 수 없다. 미련과 후회는 내 마음이 어두워지려 할 때마다 나타나 따라다니는 그림자가 될 테고. 그렇다면 난 거짓말쟁이인가. 다행히 그렇지는 않다. 그 친구의 독설 덕분에 정말로 방황했던 시간을, 후회보단 성장의 발판으로 삼아 끈덕지게 살아낼 수 있었다. 후회라는 생각이 들려고 할 때마다 긍정 회로를 돌려 교훈 삼았다. 앞서 말한 것처럼 후회하는 일이 아주 없었다고 하면 거짓말일 것이다. 하지만, 친구로 인해 시작된 후회하지 않겠다는 마음가짐이 자연스럽게 굳어져, 일관된 자세로 삶을 대할 수 있었다. 그래서 실제로 지난날들에 대한 후회가 그리 많지 않다.

사실 과거의 나를 떠올리면 친구의 말이 아주 말도 안 되는 얘기는 아니었다. 누구나 한 번쯤 방황하는 시기가 있었겠지만, 내겐 유독 모질고 사나웠던 고비의 시간이 있었다. 문제 한 번 일으킨 적 없는 평범한 학생이자 딸이었던 나는, 고등학교에 진학하고 어느 순간 변하고 있었다. 남들에겐 평범하고 당연한 일상이었던 학교와 집을 들락날락하기 시작했고, 정착하지 못했다. 어느 곳에 있어도 숨이 턱턱 막혔다. 어디로든 벗어나야만 했다. 하지만 어디로 가야 하는지 몰랐다. 갈 곳도, 마음 둘 곳도 하나 없었지만, 돌아갈 곳도 없다고 생각했다. 이전의 평범했던 일상이 너무 멀게만 느껴져서, 다시는 돌아갈 수 없을 것만 같았다. 떠돌이 개처럼 혼자 길거리를 배회하던 시절이었다. 살겠다고 발악하던 몸부림은 '반항'이 되었고, 문제아 다 됐다며 모두가 나를 다그치기 바빴다. 도대체 '문제'가 뭐냐고 소리쳤다. "없어요.

그런 거." 순진한 얼굴로 담담한 말은 잘도 내뱉었다. 하지만 아무도 몰랐을 것이다. '문제아니까 문제가 있는 거겠죠. 많이.'라고 생각할 만큼 내면이 삐뚤어져 있었다는 걸. 난, 단지 다시 숨을 쉬고 싶었을 뿐이었는데. 누군가에게 이해를 바란 적은 없었지만, 정말 아무도 내 마음을 알려고 조차 하지 않았다. 그렇게 온 세상이 내게서 등을 돌렸다고 느껴지던 때가 있었다.

"일어날 일만 일어난다."라고 한다. 어차피 일어날 일이었다고, 생각하면 무슨 일이든 홀가분해진다. 어차피 정해진 수순이었다면 피할 수 없었을 것이고, 결과는 같았을 테니까. 나는 친구에게 정말 고맙다. 인생에서 제일 힘들고, 외로웠던 시간을 후회하지 않게 만들어 주었고, 아직까지도 힘들 때면 꺼내 쓰는 버팀목이 되고 있으니 말이다.

학창 시절에 가장 많이 듣던 말은 "지금이 제일 좋을 때다."라는 말이었다. 이유는 대충 이랬다. 사회생활은 학교생활이랑 차원이 달라서 매일이 실전이고, 전쟁이라고. 돈 벌기가 세상에서 제일 어려운 일인데, 어른이 되면 다 해야 한다고. 이제 고생할 날 쌔고 쌨다는 말이었다. 정말 그랬다. 정말 고단하고, 고생스러운 날들은 수두룩하게 찾아왔다. 그럼에도, 여전히 난 그때 방황했던 시절이 가장 아프고, 가장 안됐다. 그 시기에 난 내 생각보다 어렸고, 내가 감당하기에 너무 어려운 곡절과 시련을 만났다. 그때의 사람들이 내 마음을 몰라준다고 원망했지만, 나조차 나를 모르던 때였다. 아무것도 모르면서 무모하기만 했던 시간이었다. 하지만 그 무모했던 시간이 있었기에 단단해졌고, 나를 바로 세우는 근간이 되었다. 어쩌면 일찍이 아플 수 있었던 게 다행이라고도 생각한다. 이제 웬만한 일로는 나를 멈출 수 없을 테니.

장마

비 오는 날 달팽이 한 마리가
집도 없이 민둥머리로
어딘가를 향해 가고 있다.

나에게도 그런 시간이 있었지
맨몸뚱이 하나만 가지고
갈 곳이 없었지만
나아가야만 했던 시절이.

습관성 우울

생각해 보면 언제 우울하지 않았던 적이 있었나.

혼자이면 혼자여서
함께이면 함께여서
신경 쓰이고, 불편하고, 아팠으면서.

이래서 우울
저래서 우울
사실은 모두 핑계고 습관이다.

이런저런 이유 뒤에 숨어도
달라지는 건 아무것도 없는데
피할 수 없다는 걸 알면서도
자꾸 숨어 버리고만 싶어지는
나약한 진짜 나의 모습, 이면.

정면 돌파 해보지도 않고
제대로 싸워보지도 않고
비겁하게 숨어 버리는 일은
이제 더는 안 할래.

그래야만 나에게도 내일이 있을 테니까
작은 희망, 작은 용기 하나로
변화는 그렇게 시작되니까.

잡초처럼

내가 사는 집의 구조는 기이하다. 현관 비밀번호를 치고 들어오면 문이 또 두 개다. 하나는 집안으로 통하는 문, 또 하나는 밖으로 나가는 문이다. 보일러실이 밖에 있는 탓에 어쩔 수 없이 밖으로 통하는 문이 하나 더 있는 듯했다. 집에서 바깥으로 연결되어 있는 작은 길은 흙길도 아니고, 돌길에 가깝다. 그리고 비좁다. 무언가의 생명이 나고 자랄 수 없는 곳일 거라고 생각했다. 그런데 그곳에 무언가 생겨난다. 이름 모를 생명들이 계속해서 피어난다. 처음에는 대수롭지 않게 생각했다. 그런데 대수롭지 않은 것들이 점점 자라나며 내 키만해지고, 그 수도 많아지자 우거진 숲을 방불케 했다.

나에겐 필연적으로 그 길을 지나쳐야만 했던 이유가 있었는데, 길의 끝자락에 있는 보일러 때문이었다. 처음엔 새것으로 들어왔을 게, 어언 20년이란다. 그 긴 세월을 꼼짝없이

제 할 일에만 전념했으니, 여기저기 성한 곳이 없는 게 당연했다. 그런 연유로 한 번씩 맛이 간 보일러를 살피러 가야 했고, 잡초들은 날마다 무성해져 갔다.

언제부턴가 잡초들은 흔적을 남기기 시작했다. 정체불명의 씨알 같은 것들이 위아래 할 것 없이 온몸에 덕지덕지 붙어와 집안을 어지럽혔다. 달라붙어 온 것들은 쉽게 털어지지도 않고, 돌돌이 테이프도 무용지물로 만들었다. 손으로 일일이 떼어내야만 하는 하나의 성가신 일이 되었다. 결국 더이상 피할 수 없던 나는 잡초와의 전쟁을 선포했다. 작정하고, 밖으로 나왔다. 장갑을 단단히 끼고, "다시는 보지 말자."는 인사와 함께 잡초들을 뿌리째 뽑아 버렸다. 얼마나 많은 양이 나왔는지, 커다란 봉투 두 개가 가득 찰 정도였다. 그렇게 이제 잡초와의 인연은 끝이라고 생각했다.

그러나, 얼마 지나지 않아 무명의 생명들은 다시 모습을 드러내기 시작했다. 굳이, 하고많은 장소 중 다시, 또, 우리 집에 말이다. 참으로 기괴한 일이 아닐 수 없었다. 그렇게 뽑으면 자라고, 뽑으면 자라고를 몇 번 반복하니 몇 해가 지나갔다. 의미 없는 일을 멈추고, 받아들이기에 충분한 시간이었다. 나를 수년간 괴롭혔던 그 잡초의 정체는 '우슬'이라는 약초였다. 줄기의 마디가 소의 무릎과 유사하게 생겨 붙여진 이름이라고 한다. 곰곰이 자라나는 모습을 지켜보다 보니, 자연히 궁금한 것들이 생기게 됐고, 이름과 더불어 각종 효능까지 알게 되었다. 왜 우리 집에 계속해서 불시착하게 된 건지만 빼고.

항상 여러 갈래의 길을 맞닥뜨리고, 매번 선택의 기로에 놓이는 것이 인생이라고 생각했다. 이 길도 가보고, 저 길도 가보고, 잔뜩 헤매기도 하면서. 인생은 하나의 여정이기도 하니까. 그래서 한편으로는 우리집 잡초였던 우슬이 어떤 환경이나 역경(나도 포함)에도 굴하지 않고, 한 길만 우직하게 파고드는 모습이 부럽기도 했다. 늘 한결같은 모습으로 나를 당황시켰던, 고지식할 정도의 올곧은 마음만큼은 인정할 수밖에 없다.

지금은 그 외길을 지나갈 일이 없다. 더불어 우슬을 마주칠 일도 함께 사라졌다. 시름시름 앓던 보일러가 결국 수명을 다하고, 집을 떠났기 때문이다. 해방됐다는 말이 더 맞겠다. 과거 보일러는 오래된 탓에 잦은 고장을 일으켰고, 한때 수리 기사님을 자주 만나 뵙곤 했었다. 그 덕에 이제 웬만한 건 기사님 없이도 뚝딱뚝딱 혼자서 해결했었는데, 이제 하등 그럴 필요가 없어진 것이다. 더 이상은 무리라고, 계속 신호를 보내던 보일러를 좀 더 빨리 보내 줬더라면. 살겠다고 기어이 올라오고야 마는 생명과 씨름할 일도, 겨우내 냉수 샤워하며 콧물을 달고 살던 날도 없었을 텐데. 몰려드는 허망한 기분을 느낄 새도 없이 그렇게 헌 것은 가고, 다시 새것이 왔다.

어쩌면 여러 갈래의 길로 나뉘어 있는 것 같아 보여도, 사실은 각각의 삶이 있듯 각자 하나씩의 길을 걷고 있는지도 모르겠다. 하나의 길속을 배회하고 있는 건 아닌지. 여러 갈래의 길이었지만, 마지막엔 결국 하나의 길로 통하게 되는 건지. 꼭 다른 생명들이 그렇게 말을 걸어오는 것 같다. 결코 부러지지 않는 그들이, 어떤 것도 탓하는 법 없는 그들이. 비가 오나 눈이 오나, 하루하루 온 마음을 다해 살아 내는 일에만 치중하는 생명들이 말이다.

나는 그럴 수 있을까. 하나의 길이든 몇 갈래의 길이든, 거침없이 나아갈 수 있을까. "걷기에는 영 소질이 없어서."라는 평계를 대본다. 뿌리가 통째로 뽑히는 굴욕을 몇 번이나 겪고도, 어김없이 자라나고, 또 자라나는 잡초가 될 수는 없을 것만 같아서.

전장

멈춰 있던 버스 창문에 갑작스레
날아든 벌레 한 마리.

버스는 금세 출발 준비를 하는데
이름 모를 벌레는 창문에서 떨어질 줄 모르네.

바람과 함께 달리기 시작하는 버스와
실낱같이 가느다란 다리로 버텨내는 벌레
관중은 나요, 여기는 전장이다.

날아가면 차라리 편해질 텐데
무슨 이유에선지 아등바등 바람과 맞서며
차창 밖 나 홀로 목숨 건 외로운 사투를 벌인다.

그래, 놓아지지 않는 것들이 있기 마련이지

그것만이 전부라고 여겨지는 때가 있지
아직 너는 순수함을 잃지 않았구나.

너는 오래도록 몰랐으면 한다
붙잡아 두고 싶어도 붙잡을 수 없고
놓고 싶지 않아도 놓아야만 하는
내 마음 같지 않은 일들이
세상에는 허다하다는 것을.

내 속엣말이 끝나기가 무섭게
날개를 활짝 펼치며 비상할 준비를 하는 녀석.

언제 머물렀었냐는 듯
언제 마음 두었냐는 듯
이내 쏜살같이 사라져 버린다.

그 마지막 모습이 못내 시원섭섭한 게
마음을 두었던 건 나였나 보다

세상에 이리저리 휘둘리는 것도
매일 전장을 치르는 것도
실은 온통 나의 얘기다.

그러니 지금도 충분히 잘하고 있는 생명아
내가 한 말 다 잊어도 좋으니
이번엔 네가 나의 안녕을 빌어주길 바라.

천 원짜리 바나나

✷

 버스를 타러 나가는 길에 버스 정류장 근처 뒷골목에서 바나나가 가득 실린 작은 리어카를 보았다. 그리고 할머니 한 분이 그 옆을 지키고 계셨다. 바나나의 모습은 예사롭지 않았다. 바나나는 하나같이 시들하고, 거무튀튀한 모습이 한눈에 봐도 상품 가치가 떨어져 보였다. 그리고 리어카에 붙어 있는 하얀 종이엔 나름대로 반듯하게 '바나나 한 송이 천 원'이라는 글씨가 쓰여 있었다.

 왜 하필 '할머니'였을까. 왜 하필 다 시들어 버린 '바나나'였을까. 할머니와 검은 바나나의 조합을 마주하고 나니, 나마저 시들해진 기분이었다. 왜 그랬는지 버스를 타고 가는 내내 생각하다 보니 금방 답이 섰다. 모르는 척 살고 있었지만, 잔뜩 쪼그라든 시간들이 머지않아 내게도 당도할 것임을 알아챘기 때문이다.

시간의 흐름을 피해갈 수 있는 것은 없다. 그것이 사람이든, 바나나든 말이다. 시간은 변함없이 나아갈 것이고, 언젠가 우리를 멈추게 할 것이다. 하지만, 우리의 시간은 유한하기에 더욱 가치 있고, 아름다울 수 있다. 더불어 주어진 시간만큼은 온전히 우리의 몫일 것이고.

  미래의 내가 어떤 할머니가 되어 있을지 알 수 없을 일이다. 다만, 어떤 할머니가 되더라도 떳떳한 할머니가 되고 싶다. 다시 돌아가고 싶지 않을 만큼 열심히 살았기를. 오늘이 내 인생에 가장 젊은 날인 것을 항상 기억했기를. 그리하여 자연히 저물어 가는 후회 없는 삶이었기를.

  나는 꽃을 너무너무 좋아한다. 꽃에 관련된 거라면 예뻐서 환장한다. 그렇지만, 살아 있는 꽃을 산다거나 받는 것은 좋아하지 않는다. 왠지 활짝 핀 꽃을 보자면 기쁨은 잠깐이고, 슬픈 기분이 든다. 아름다움과 싱그러움은 한때 뿐이고, 어느새 금방 시들어갈 것을 알기 때문이다. 하지만 최근 들어 생각이 바뀌었다. 꽃도 예쁘게 말려 벽에 걸어 놓으면 말린 꽃은 말린 꽃대로 또 예쁘다. 겉모습은 변할지라도 한번 꽃은 영원한 꽃이다. 지금 어느 생애를 지나고 있더라도 당신은 여전히 당신의 모습대로 아름답다.

  우리는 꽃이니까.

그렇게 또 살아진다

출근길 버스에 멍하니 앉아 있다가
세 정거장이나 지나쳐 버렸다
꽃샘추위 절정일에
다 지나간 그 시간과 그 사람을 원망하며
지나온 그 길을 다시 오르내렸지.

아무것도 손에 잡히지 않고
아무일도 할 수 없을 것만 같았는데
여느 날과 다를 것 하나 없이
삶이 또 굴러 가진다는 게
우습고도 슬프다.

사실은 모든 게 엄살일지도 모른다.
아무리 힘들고 슬퍼도
밥때 되면 배고파 밥 먹어야 하고

잘 때 되면 졸려서 잠도 자야 되고
당장에 닥친 일들에만 급급할 수밖에 없는 우리 인생.

고로, 너와 나는 앞으로도 괜찮을 거야.

다가갈 수 없는 사이

※

　시간의 틈새 사이로 늘 사람들이 있었다. 좋은 사람들, 조금은 미웠던 사람들. 처음에는 내가 만나는 모든 사람들이 나의 '인연'인 줄 알았다. 그 인연이라는 실타래에 얽히고설켜 매순간 전심을 다했다. 하나도 빠짐없이 나의 것으로 만들고 싶었다. 힘들어서 모든 걸 놓아 버리고 싶던 순간마저도.

　차곡차곡 사람들이 쌓여갈수록, 챙겨야 할 일들이 점점 더 많아졌다. 각종 기념일과 모임은 빠지지 않고 참석하는 게 당연했고, 얼굴을 보지 못한 사람들에게는 달력에 표시까지 하며, 주기적으로 전화나 문자로 안부를 확인했다. 빠져나가는 지출과 시간이 만만치 않았다. 처음에는 즐겁고, 나의 삶에 선한 영향을 미친다고 생각했던 일이었는데, 엄청나게 버거운 할 일이 되어 나를 옥죄고 있었다. 어느 순간 병적으로 사람들에게 집착하고 있는 나 자신을 발견하고 말았다.

　지금처럼 각종 메신저나 소셜 네트워크가 활성화되기 전이었다. 덤벙대는 성격에 핸드폰을 그만 잃어버리고 말았다. 핸드폰에 있던 모든 정보가 내 손아귀에서 한순간에 사라졌다. 그 많은 전화번호를 외우고 다니거나, 일일이 지면에 적어뒀을 리 없었다. 알음알음 복구하려면 완벽하게는 아니더라도 비슷하게 흉내는 내볼 수 있을 것도 같았지만, 나는 결과적으로 아무 노력도 하지 않았다. 그날이 바로 내 인생 첫 번째 해방의 날이었다.

　한순간에 모든 것을 놓아버린 채, 아니 불현듯 잠적한 뒤 한참의 시간이 흘렀다. 해방한 후의 날들은 후련하기도 했지만 대부분 참회의 시간이 되었다. 잃어보고 나니, 잃어서는 안 되는 고마운 사람들이 많았다. 꼭 그렇지 않더라도 좋든, 싫든 내 인생 추억의 한 페이지를 함께 한 사람들이었다. 멀어지게 되더라도 그런 방법은 아니었다.

　오래도록 연락이 끊겼다가 우연히 소식을 알게 된 친구가 있었다. 메신저 사진을 보니 단절됐던 시간 동안 연애도, 결혼도 하고, 아이도 낳아 돌잔치까지 축하받아 마땅할 특별한 날들은 다 지나간 후였다. 고개를 푹 떨구고, 얼굴을 한참 들지 못했다. 인생에서 가장 행복했을 날들을 함께하지 못하고, 연락 한 통 없었던 게 친구라니. 죄책감과 미안함에 어쩔 줄을 몰랐다. 그 후로 비슷한 사례를 몇 번 더 겪었다. 나는 내가 얼마나 큰 잘못을 저질렀는지 가슴 깊이 알아차렸다. 그리고 끝내 사람들에게 인사 한번 건네지 못하는 신세가 됐다.

사람들과의 관계 때문에 힘들어 도망치고 싶은 사람들에게, 지금 당장은 모를 수도 있다. 당신 주변의 사람들이 당신에게 얼마나 소중한 존재들인지. 우리는 꼭 잃고 나서야 소중함을 알아버리는 존재들이니까. 그렇지만, 불행인지 다행인지 구태여 무얼 하지 않아도 멀어질 사람은 멀어지게 되어 있고, 옆에 남을 사람은 어떻게든 남는다고 한다. 바라건대 당신만은 나처럼 애쓰며 살지도 말고, 후회할 일도 생기지 않기를.

역효과

사실 너를 괴롭히고 싶은 밤이었는데
내가 괴롭게 됐다.

너무 미안해서.

인생 그렇게
깔끔하게 사는 거 아니다

✳

　사회 초년생, 미성년자의 때가 다 벗겨지기도 전이었다. 어른들은 눈치껏 행동만 잘하면 반은 성공한 거라는데, 당최 그것조차도 어려울 때였다. 불만과 원성, 불안이 마음속에 가득해 하루하루 살얼음판을 걷는 그런 날들이었다.

　그때의 나는 감히 이런 고민을 했었다. '하나도 안 주고, 안 받고 살 수는 없을까.' 원하지 않아도 일단 받게 되면, 최소한 받은 만큼이라도 돌려줘야 하는 것이 번거롭게 느껴졌다. 독립적인 성격인 내가 도움을 요청하고, 받는 것에 익숙하지 않은 이유도 있었겠지만, 무언가를 받을 때마다 빚지는 것 같은 느낌이 늘 찜찜했다.

　부모님처럼 날 아껴 주시는 두 분과 술자리가 있었다. 두 분은 아주 어렸을 적부터 가족끼리도 알고 지낼 만큼 가까운 분들이었는데, 나를 딸처럼 특별히 생각해 주셨다. 두 분을 만나면 가족들에게도 하기 싫은, 이러저러한 고민과 생각들을 어린아이가 되어 마구 떠들어대기 십상이었다. 그날도 그랬다. "저는 할 수만 있다면 누군가에게 아무것도 받고 싶지 않아요. 주고 싶지도 않고요. 저 하나 챙기기도 바쁜데 도움도, 피해도, 아무것도 안 주고 안 받으면서 살고 싶어요."라고 그때의 고민을 거침없이 떠들어댔다. 나의 말을 곰곰이 듣고 계시던 한 분이 들고 계시던 젓가락을 탁 내려놓으시더니, 사뭇 진지한 얼굴로 말씀하셨다. "나리야, 인생은 원래 그렇지가 않단다. 네 생각대로 자로 잰 듯 깔끔하게 살 수가 없는 거야. 너는 피해를 주지 않으며 사는 것 같지만, 너도 모르는 새에 누군가, 어딘가에 피해를 끼치며 살고, 어려울 때는 도움을 받기도 하고, 주기도 하면서 살아가게 돼. 너 혼자 살 수는 없어. 모두가 서로 간에 그렇게 살아갈 수밖에 없는 게 바로 인생인 거야."

누구나 자신이 특별한 사람이라고 생각한다. 내 인생의 주인공은 내가 분명하니까. 하지만 그분 말씀처럼 아무리 특별하고 잘난 사람도 혼자 살 수 없다. 우리는 이미 한 배를 탄 운명 공동체로 묶여 있고, 함께했을 때 더 빛날 것이기에.

그런 사람

혼자 있고 싶다 했을 때
"지금 어디야?"라고 되물어주는
그런 사람 있었으면.

요즘 살기가 싫다 했을 때
"죽는 게 그렇게 쉬운 줄 아냐."하는 사람 말고
따뜻한 말로 토닥여주는
그런 사람 있었으면.

하는 일마다 꼬여 파죽음 되는 날
"힘내."라고 하는 말보다
묵묵히 다가와서 뭐 하나라도 도와주려는
그런 사람 곁에 있었으면.

사소한 큰일

아파트 건설 현장에서 아르바이트를 했었다. 내가 하게 된 일은, 각 세대 안 공간의 바닥 타일을 붙이는 일이었다. 지정된 시작점을 따라 순차적으로 타일을 붙이는 일은 겉보기에 간단하고, 편해 보였다. 나는 주저 없이 바닥에 타일을 붙이기 시작했다. 그런데 처음에는 일정하던 간격이 계속해서 비뚤어지고, 격차가 벌어졌다. 나름대로 반듯하게 붙였다고 자신했었고, 아무리 봐도 무엇이 잘못된 건지 알 수 없었다. 결국, 혼자 한참을 낑낑대다 베테랑 타일 기공 분께 도움을 요청했다. 기공 분께서는 내가 붙인 타일을 쓱 한 번 보시더니, 단박에 문제점을 짚어주셨다. 그리고 여전히 고개를 갸우뚱하고 이해하지 못하는 나를 보며 친절하게 설명해 주셨다. "0.1mm만 오차가 나도 붙이다 보면 나중에는 공간이 너무 많이 남아 버리거나, 타일 하나가 들어갈 공간조차 남지 않기도 해. 별거 아닌 작은 오차가 쌓이고 쌓여서 결과가 크게 달라질 수 있는 거지."

'나비효과'는 초기의 사소한 변화가 전체에 막대한 영향을 미칠 수 있다는 뜻이다. 결국, 전체에 영향을 미치는 것은 사소한 일로부터 시작이 되고, 그렇기에 사소한 일은 결코 사소하지 않다. 덧붙여 기공 분께서는 너무 하나만 보지 말라고 당부하셨다. "하나하나의 타일에만 신경 쓰다 보면 전체가 오른쪽으로 기울거나, 왼쪽으로 쏠려 버릴 수도 있어." 하나만 보다가 전체를 망치게 될 수도 있다는 뜻이었다. "나무만 보지 말고, 숲을 보라."라는 말처럼.

  정리해 보면, 타일 하나하나를 세심하게 살펴보기도 해야 하고, 동시에 전체를 아울러 보기도 해야 한다. 결국 둘 다 봐야 한다는 것이다. 그게 끝이 아니었다. 바닥의 단차, 벽면과의 거리 등등, 알고 배워야 할 것들이 연이어 늘어났다. 다른 어떤 일도 마찬가지일 것이다. 처음부터 클 수는 없다. 기어다니던 아기가 첫걸음을 떼고, 아장아장 걷다가 뛰는 것처럼, 모든 일엔 순서가 있고, 성장의 과정이 있다. 사소한 일이 큰일이 되고, 큰일이 사소하지 않은 것처럼 어떤 작은 일도 과소평가하지 말자. 지금 내가 하는 일들을 대수롭지 않게 여기지 말자. 오늘의 일과, 앞으로 해낼 일들이 언제 큰일이 되어 있을지는 아무도, 아무도 모른다.

대관절

말의 핵심을 짚지 못하면 말을 하나마나다. 소용이 없다. 좋은 게 좋은 거라, 돌리고 돌려 잘 말했다고 생각했으나, 핵심을 찌르지 못하니 엉뚱한 이야기가 될 수밖에.

"네가 힘들까 봐서 그래."
이러쿵저러쿵 핑계댈게 아니라,
사실 네가 아닌 내가 힘들다고.
그 말 한마디면 됐다.

의미 없는 백 마디 말로 빙빙 에둘러 말할 게 아니라, 말의 요지를 정확히 짚을 것. 그게 나에게도 상대방에게도 더 깔끔할 테니까.

이사

겹겹이 물들어 가던
낙엽들의 향연이
막바지를 향해 갈 때쯤이면
어디선가 불어오는 칼바람에
정처 없는 쓸쓸함이 몰려오네.

공허함에 몸부림치는 것들은
하루마다 바싹바싹 말라 가고
껍데기만 앙상하게 남는다.

하늘에서 물기 없는 낙엽비가 내리고
완연한 가을임을 느끼는 순간
비로소 겨울이 재빠르게 당도할 것이다.

3부

언젠가는 추억이 될 테니까

지나고 나서야
비로소 보이는 것들

살면서 우리는 수많은 사람을 만나게 된다. 그중에서도 유독 오지랖 넓은 누군가가 한두 명씩 스쳐 지나가곤 하는데, 사람은 다 달랐지만 정해진 레퍼토리가 있는 것처럼 이야기의 내용은 비슷비슷했다. "넌 정말 좋겠다. 나 때는 이렇게 조언해 주는 사람이 없었어. 예전에 나도 이런 조언을 해주는 어른이 곁에 있었더라면…." 그들은 먼저 넘나들었던 인생의 어떤 깨달음 같은 것들을 얘기해 주려고 한다. 하지만 아무리 귀에서 피가 나도록 얘기를 해주고, 뜯어말린다고 해도 그때에는 모르는 것들이 존재하기 마련이다.

그건 그 사람들의 얘기가 별 볼일 없기 때문이 아니다. 제아무리 훌륭한 조언이라도 우리가 스스로 직접 겪고, 부딪혀 보지 않으면 모르는 '사람'이기 때문이다. 그렇기에 인생 선배의 조언을 참고 정도야 할 수 있겠지만, 그 말을 곧이곧대로 실행하는 사람은 없을 것이다. 사람마다 살아온 환경도, 신념도, 방식도 다르다. 그리고 무엇보다 나를 제일 잘 아는 것도, 이끌어 가는 것도 바로 '나' 뿐이기에.

앞서 "나 때는 조언을 해주는 어른이 곁에 없었다."라고 하소연했던 그분한테 정말 바른말 해주는 어른이 하나도 없었을까? 살다 보면 문득 깨닫게 되는 몇몇 사실들이 있다. 내가 당연하게 누리는 것들이 사실은 하나도 당연하지 않은 것들이었다는 것. 또 그저 스쳐 지나가는 인연이라고 생각했던 몇몇 사람이, 나에게 너무도 은혜로운 사람이었다는 것. 단지 그때 그 순간에 알아차리지 못했을 뿐.

나는 그걸 시기, '때'라고 하고 싶다.
다 '때'가 있는 것이라고.

신의 계획대로

※

"너는 인마, 하늘이 더 살란다."

아파트 옥상에서 투신자살을 시도한 중학생이 나뭇가지에 걸려 구사일생으로 살아났다는 기사에 달린 베스트 댓글이었다. 나는 천운으로 살아난 중학생의 이야기에 한 번 놀라고, 댓글을 보고 또 한 번 놀라지 않을 수 없었다. 어쩌면 저 아이에게 다시 기회가 주어진 것처럼, 내가 이렇게 큰일 없이 건강하게 살아갈 수 있는 것 또한 하늘의 뜻 아닐까.

마크 트웨인은 "오늘 일어날 수 없는 일은 아무것도 없다."라고 말했다. 언제 어떻게 우리의 삶이 급변할지는 누구도 장담할 수 없다. 또 삶에는 '변수'라는 것이 늘 가까이에 존재하기에, 아무리 철저한 계획을 세운다 해도 결코 계획대로 되지 않는다. 인생의 어느 틈바구니 속에 신의 개입이라는 변수가 들어차 있을지는, 닥쳐보지 않으면 모를 일이다.

"모든 일에는 이유가 있다."라는 말처럼, 내가 존재하는 데에도 이유가 있을 것이다. 기적 같은 일들만 기적이 아니다. 지금 내가 살고 있는 나의 삶, 나의 존재 자체가 기적인 것이다. 꼭 죽다 살아나는 것만이 천운이 아니라, 매일 같이 성장통을 겪으며 울고 웃는 지금 이 시간들조차 이미 천운을 다하고 있는 것이라고.

내가 알지, 나의 노력

"말하지 않아도 알아요."라는 정겨운 노랫말의 TV 광고가 있었다. 실제로 우리는 우리가 하는 행동을 누군가 알아주기를 바라지만, 현실은 그렇지 않다. 말하지 않으면 정말로 모를 수밖에 없고, 티 내지 않으면 티가 안 난다. 그래서 요즘을 자기 어필의 시대라고도 한다. 그래서 과거에 난 남들보다 더 열심히 일하기를 택했다. 거기엔 자기만족의 이유도 있었겠지만, 사실은 누군가 알아주길 바랐던 마음이 더욱 컸던 것 같다. 그래야 보람과 뿌듯함을 두둑하게 가져갈 수 있었다.

드문 경우로, 일부러 애쓰지 않고도 묵묵히 맡은 일을 해냈을 때 우연히 누군가의 눈에 띄어 좋은 기회를 얻게 된 적도 있었다. 하지만 그날의 운수가 좋았을 뿐, 행운은 자주 찾아오지 않는다. 다행인 것은 누군가 알아주지 않는다고 해서, 나의 노력이 아무 쓸모가 없어지는 건 아니라는 거다. 노력은 보이고, 보이지 않고의 차이일 뿐 어디 가지 않는다.

그리고 언젠가는 빛을 발하게 되는 날이 반드시 온다.

많은 사람에게 인정받고 싶은 건 인간의 당연한 욕구다. 내가 그랬던 것처럼. 그렇지만, 이제는 안다. 노력의 목적이 남들에게 인정받기 위해서가 되어선 안 된다는 것을. 부단히도 애썼을 노력의 과정을 스스로가 가장 잘 알 것인데, 잘 알지도 모르는 남에게 확인 받으려고 하는가. 평가를 받아야만 할 때에만 평가를 받자. 평가받지 않아도 되는 순간에는 구태여 평가대에 오르지 말자.

자존감이 높은 사람들에게는 타인에게 의지할 필요도, 인정받는 것도 큰 의미가 없다고 한다. 스스로를 믿고, 존중하기 때문에 바깥바람이 아무리 불어와도 쉽게 휘둘리지 않는 것이다. 언젠가 모두에게도 그런 날이 찾아오기를 바라본다. 거대한 태풍이 찾아온대도 단단해진 나를 믿고 나아갈 수 있게.

개그맨 양세형 씨는 지금의 자신이 있기까지 남들이 알아주지 않는, 보이지 않는 곳에서도 열심히 노력한 시간이 있었기에 가능하다고 말했다.
나 하나만 믿고 가는 고독한 싸움일지라도.
"내가 알지, 나의 노력."

향기

출근길 아침 버스 안
오늘도 전쟁을 치르러 가는
사람들의 결의가 향기롭다.

어제의 눅눅함은 벗어버리고
다시 시작되는 하루.

밤새 충전한 새 마음 새 결심들은
금세 현실이라는 벽에 부딪히고 말아
향기처럼 곧 흐려지고 사라지지만
그대의 노고는 헛되이 사라지지 않는다.

퇴근길 저녁 버스 안
아침의 향기와 결의는 온데간데없고
퀴퀴한 냄새와 고단함만 가득할지라도.

그대의 마음속 향기는
언제나 처음처럼 변치 않기를 바라.

물들지 않는 연습

"노예가 노예로 사는 삶에 너무 익숙해지면 놀랍게도 자신의 다리를 묶고 있는 쇠사슬을 서로 자랑하기 시작한다. 어느 쪽의 쇠사슬이 더 빛나는가, 더 무거운가 등. 그리고 쇠사슬에 묶이지 않은 자유인을 비웃기까지 한다. 더욱 놀랍게도 현대의 노예는 스스로 노예라는 자각이 없다. 뿐만 아니라 그들은 노예인 것을 유일한 자랑거리로 삼기까지 한다." 미국의 극작가이자 시인인 리로이 존스의 말이다.

환경이 중요한 이유는 의지와는 무관하게 나를 변화시키기 때문이다. "가랑비에 옷 젖는 줄 모른다."는 속담처럼, 가늘고 약한 비도 지속되면 어찌할 도리가 없다. 완전히 물들어 버린 후엔 초심은 잃어버린 채, 자신보다 세상과 타협하며 불평등이 당연해지기 시작한다. 그저 안주하고만 싶어진다.

분명 모든 경험은 나에게 피가 되고, 살이 될 것이다. 그리고 어떤 것에 물드는 일이 꼭 나쁜 일만은 아니다. 다만, 초심을 잃지 않기를 바란다. 세상에 지지 않기를 바랄 뿐이다. 좋은 것은 흡수하고, 나쁜 것은 걸러낼 수 있는 슬기로운 사람이 되기를 간절히 희망한다. 주어진 환경에 적응하며 사는 것은 인간의 본능이기도 하지만, "생각하는 대로 살지 않으면 사는 대로 생각하게 된다."라는 폴 부르제의 말처럼 인생을 되는대로 살고 싶지는 않으니까.

이제 여섯 살이 된 조카랑 밥을 먹고, 밖으로 나왔던 순간을 기억한다. "햇님아, 안녕! 구름도 안녕!" "하늘이 반짝반짝 빛나요. 예쁘다." 연신 세상 모든 것들에 감사하고, 감동하는 어린 생명을. 왜 어린아이들을 '하얀 도화지'에 비유하는지 알 것 같다. 어떤 것에 섞이지도, 오염되지도 않은 투명하고 순수한 결정 그 자체 같다고나 할까.

인생도 빨래를 할 수 있다면 좋겠다. 락스나 베이킹파우더 같은 것들을 잔뜩 넣어서 바락바락 씻어낼 수 있다면. 시커멓게 오염된 마음과 얼룩진 생각들을 다시 새하얗게 만들 수 있진 않을까. 새 옷을 입고, 새 삶을 시작하는 마음으로 살 수 있다면.

"지금 나는 어떤 사람이 되었는가."
"본래 나는 어떤 사람이었나."

봄날 그리고

백 마디 말보다
따스한 햇살 한 모금이
기분 좋은 어느 봄날.

매일매일이 봄날이었으면 싶으면서도
코끝 시린 겨울이 없었다면
봄날이 이토록 애틋할 수 있을까 싶다.

내 인생의 봄날만을 늘 꿈꾸면서도
시련과 고통 없이 얻어지는 것들이
과연 소중하게 와닿을 수 있을까 싶다.

내려놓음의 미학

번화가 한복판에 있는 것 치곤 꽤 조용한 카페를 알게 되었다. 쉬는 날이 되자마자 점찍어 뒀던 그 카페를 다시 방문했다. 먼저 데시벨 확인 작업을 하고, 좋아하는 구석의 명당자리를 찜해둔 뒤 마지막으로 음료를 주문했다. 모든 게 완벽했다. 곧바로 나온 음료를 들고 자리에 앉았다. 감성적인 팝송이 흘러나오는 카페 음악을 들으며 흡족한 마음으로 음료를 한 모금 마셨다. 나의 평화는 거기까지였다. 테이블에 음료 잔을 내려놓음과 동시에 대학생으로 추정되는 남녀 열댓 명이 쿵쾅대는 발소리와 함께 내가 있는 2층으로 올라왔다.

나는 겉으로 보기에 한번 눈길도 주지 않는 무신경한 사람의 모습이었지만, 그 속마음은 절규로 가득 찼다. '5분만, 아니 3분만 이라도 늦게 왔더라면….' 개인적인 입장에서의 불청객들은 어딜 가도 빠진 적이 없었기에 평화가 오래 유지될 것이라고 생각하진 않았지만, 이건 빨라도 너무 빨랐다.

비상 대책 아이템으로 가지고 온 무선 이어폰을 당장 귀에 꽂아 시끄러운 음악을 틀고, 볼륨을 높여본다. 젠장, 어림도 없다. 깔깔깔 열댓 명이 단체로 웃어대니 귓구멍에 무엇을 꽂는 들, 귀가 없지 않은 이상 소음 방지는 어렵겠다 싶었다. 머지않아 박수 소리까지 더해져 완벽한 불협화음을 이루었다. 나는 하기로 한 일들을 다 내려놓고, 마침내 도를 닦기 시작했다.

이제야 학생들의 얼굴을 제대로 바라보게 되었다, 한 명의 낙오자도 없이 웃고 있는 모습이 정말 즐거워 보였다. '무엇이 그렇게 행복한 걸까.' 그러고 보면 나에게도 딱 저런 모습의 시간이 있었을 것이다. 그리고 그때도 지금의 나처럼 시끄러운 소리에 남몰래 눈살을 찌푸리는 사람이 있었을지도.

도를 닦는 데에는 많은 시간이 필요치 않았다. 가만히 생각해 보니, 여기 우리에겐 모두 '자유'가 있었다. 침묵을 유지할 자유, 침묵을 깰 자유, 정해진 규칙 따위는 애당초 없었다. 그 누가 무슨 권리로 누구의 자유를 침범할 수 있나 싶다. 단지 우리는 같은 가게의 음료를 마신다는 공통점만 있을 뿐인데. 절이 싫으면 중이 떠나면 그뿐이다. 세상 많은 것들에 얽매여 있는 것 같지만, 대부분 생각에 매여 있는 것이지, 사실 우리는 자유의 영혼이다. 그저 '내려놓는 것'부터 시작하면 된다.

행복해지는 법

"나리야, 넌 행복했던 적이 있니?"

"…노력 중이에요."

"행복은 노력해서 되는 게 아니더라, 다 내려놓으니까 행복해지더라."

총량의 법칙

친한 교수님 한 분과 담소를 나누다가 치매에 관련된 이야기가 나왔다. 교수님은 항상 건강의 중요성에 대해 강조하시는 분이셨기에, 최근 점점 더 높아지는 치매 발병률과 심각성 같은 이야기를 꺼내실 거라 예상했다. 그러나 이번에도 나의 예측은 어김없이 빗나갔고, 최근 교수님께서는 어떤 강연 프로그램에서 김경일 교수가 언급한 '총량의 법칙' 이야기를 인상 깊게 들으셨다며 눈빛을 반짝이셨다.

인생에는 '지랄 총량의 법칙'이라는 것이 존재한다고 한다. 그 말은 한 사람이 일생에 할 수 있는 지랄의 양이 정해져 있다는 것이다. 평생을 참고, 희생하며 살아온 사람들은 치매에 걸리면 기억을 잃고, 정반대의 성향으로 바뀐다. 아니, 가슴속에 쌓여있던 응어리들이 나 자신을 놓아버린 그제야 터져 나오는 것이다. 거꾸로 본인 위주로 살며 성질대로 산 사람들은, 치매에 걸린 후에 그렇게 순하고 착한 양이 된다는 것이다. 지랄의 총량이 한계에 다다른 것이다.

  교수님을 통해 치매를 예시로 처음 총량의 법칙을 알게 됐지만, 알아보니 총량의 법칙은 나에게만 생소한 이야기였을 뿐 이미 널리 알려진 지식이었다. 게다가 지랄 총량의 법칙 외에도 행복 총량의 법칙, 인생 총량의 법칙 등등 여러 가지 총량의 법칙들이 진작부터 존재하고 있었다. 그 사실이 놀랍기도 했지만, 또 한편으론 왠지 안도감에 가슴을 쓸어내리게 되는 일이기도 했다.

  다양한 총량의 법칙을 보면서도 한 가지 생각만 들었다. '그 법칙들이 진실로 존재하기를, 이루어지는 날이 오기를.' 그럼 잘 먹고, 잘 자고, 잘 견뎌볼 수도 있지 않을까 싶어서. 그렇게 다시 "잘 살아보자"는 계기가 될 것도 같았다. 각자 가지고 있는 상처, 힘듦, 나쁜 일들이 총량을 다하면 그때야말로 보란 듯이 행복을 누릴 수 있게 말이다. "고생 끝에 낙이 온다."라는 속담이 모두에게 현실이 되는 날이 왔다고.

주인을 찾습니다

집 근처의 동네 놀이터를 무심히 가로질러 가다가, 한쪽 벽면에 붙은 종이 하나를 보고 발걸음이 멈춰섰다. 종이에는 "핸드폰 주인을 찾습니다"라는 문구와 전화번호 하나가 반듯이 적혀 있었다.

종종, 특히 과거의 나는 핸드폰이나 지갑 등을 공중화장실이나 음식점에 두고 나오기 일쑤였다. 그리고 대부분 찾지 못했다. 조금 전에 두고 나온 핸드폰을 찾으러 갔을 때, 핸드폰 전원이 내내 고의로 꺼져있던 적도 있었는데. 그럴 때면 나의 실수를 탓하기보다, 세상을 삐딱하게 보고 원망만 쏟아냈었다.

동네 전봇대나 버스 정류장 같은 곳에서 반려견을 찾거나, 핸드폰을 찾는 주인의 애타는 전단지는 어슴푸레 본 기억이 있지만서도. 그 잃어버린 물건의 주인을 찾아주겠다는 그 마음을 본 일은 으레 없었던 것 같다. 언제부터였을까, 물건의 주인을 찾아주는 일이 마음 깊숙한 울림을 주는 일이 되어버린 게. 당연하게 이루어져야 하는 일이 당연하지 않아지고, 당연하지 않아진 일이 당연하게 이루어질 때. 그 순간, 진동한다. 자연스러운 일임에도 희한한 일로 생각이 트이고, 개인 정보 유출 따위나 걱정하는 내가 한없이 낯설게만 느껴지던 날.

이토록 별거 아닌 일들이 많아졌으면 좋겠다. 세상은 따뜻함에 발갛게 물들어 가고, 덩달아 삶의 온도는 조금씩 높아질 것이다. 그런 마음들이 모이고, 모이다 보면 언젠가 우리가 바라던 온정 가득한 세상이 올지도 모른다.

연애

내내 질리도록 함께 있다가도
헤어질 때 아쉬운 마음이 드는 일.

서운한 일이 생겼다가도
금세 설레는 일이 생기는 일.

괜히 울적한 날이면 깜깜해지다가도
네 생각만으로 햇살이 비치는 일.

혼자 있고 싶다가도
계속 같이 있고 싶은 마음이 드는 일.

영원히 변하지 않을 것 같던 내가
하나씩 변하기 시작하는 일.

나의 작은 일상들이
너라는 사람으로 가득해지는 일.

그럴 수 있지

여느 날처럼 조용한 뉴에이지가 흐르는 카페 테이블에 앉아 멍을 열심히 때리고 있었다. 이곳은 대형 프랜차이즈 카페에 버금가는 큰 공간의 동네 카페인데, 손님이 없다. 없어도 너무 없다. 그러다 보니, 오는 손님도 한정되어 있는 듯하다. 본의 아니게 카페에 올 때마다 익숙한 얼굴들을 마주친다.

매주 토요일엔 고등학생쯤으로 보이는 남학생이 저녁에 카페에서 과외를 받는다. 선생님으로 보이는 단정하고, 인사성 바른 여성분이 항상 먼저 자리를 잡고 앉는다. 어느 날은 우연히 평소보다 가까운 거리의 자리에 앉게 되었다. 조곤조곤 말소리가 들리며 수업을 시작하는 듯했다. 한 번씩 웃음소리가 터져 나오는 것 외에 무슨 이야기가 오고 가는지 알 필요도, 알 턱도 없었다. 그런데 이따금씩 "그럴 수 있지." "그럴 수 있어." 맞장구를 치는 듯한 선생님의 말소리가 귓전에 한 번씩 들어왔다.

 가끔 내가 어떤 말과 행동을 했을 때 누군가 묻지도 따지지도 않고, "그렇지." "그럴 수 있지."라고 말해 준다면 얼마나 좋을까. "그럴 수 있다."라는 말에는 무조건적인 공감과 이해가 따라붙는다. 어떤 잘못도 용서가 될 것 같이. '그래도 괜찮다.'하며 토닥여 주는 그 느낌이, 어떤 얼어붙은 마음도 따뜻하게 녹여 버릴 것 같다.

 어디선가 그 말이 들려오면 잽싸게 주워 담는 버릇이 있다. 내 것이 아닌데도 불구하고. "그럴 수 있다."는 그런 말이다. 언제 어디에서 들어도 정체 모를 기운이 샘솟는 말. 그래서 어김없이 그 카페에서도 나는 커피 한 잔의 행복보다, 더 큰 기쁨과 위안을 안고 '금의환향'하였다는 후문.

나만의 방식

기분이 좋을 때 신나는 음악을 듣고, 울적할 때 우울한 음악을 듣는다고 했는데 왜 거꾸로 하냐는 질문을 받았다. 기분이 좋을 때야 그럴 수 있지만, 기분이 안 좋을 때는 벗어나야 하지 않겠냐고.

"꼭 그래야 할 필요가 있나?" 언제 어떤 음악을 들어도 내가 듣기에 좋으면, 이유는 그거 하나면 된다. 안 좋은 일이 생기고, 안 좋은 생각이 들면 신나는 음악을 틀어 억지로 기분을 끌어올릴 게 아니라, 내게 위로가 되는 음악과 좋아하는 음악으로 나 자신을 달래는 것도 방법이다.

사람마다 자신만의 방식이 있다. 평균 실종 시대에 접어들었다.
개인한테 맞는 방식이 '짱'이다.

잘못된 만남

인터넷 하나 바꿨을 뿐인데
더이상 혼잣말을 못하게 됐다.
지니*가 자꾸 대답해 줘서.

---

* 지니(Genie): KT에서 제공하는 인공지능 음성 비서 서비스. 음성 인식을 통해 날씨 정보, 음악 재생, 일정 확인 등 다양한 기능을 수행한다.

혹시

엘리베이터를 기다리고 있었다. 옆에는 한 아저씨가 같이 서 계셨는데, 그게 기분이 썩 좋지 않은 일이 되었다. '내 얼굴에 뭐가 묻었나?' 싶을 정도의 강렬한 시선으로 나를 응시하고 계셨기 때문이다. '잠깐이겠지, 그러다 마시겠지.' 했으나 이런 날엔 항상 엘리베이터는 안 오고, 관찰자의 탐구는 계속된다. 그리고 가끔은 이런 날도 있기 마련이다.

"왜, 왜 그러세요?"

한 번도 그런 적이 없었다. 어지간하면 지나갈 수 있는 일은 지나갔다. 참을 수 있으면 참았다. 그런데 나도 모르게 입밖으로 속마음이 툭 튀어나와 버린 것이다. 심장이 '두근두근' '벌렁벌렁' 발광을 해댔다. 그런 것 치고 아저씨는 왠지 줄곧 기다려 왔던 사람처럼 대답하셨다.

"아니, 그 아이스크림이 맛있어 보여서…."

맙소사! '아이스크림'이라니. 곰을 연상시킬 법한 건장한 체격에 무뚝뚝한 얼굴을 하고 있는 아저씨가 '아이스크림' 카드를 꺼내 들었다. 레드카드보다 더 쎈 느낌의 아이스크림 카드는, 스포츠 경기로 따지면 영구 퇴출도 가능할 것 같아 보였다. 그 때 나는 근무 시간에 잠시 짬을 내어, 더운 날 고생하는 동료들에게 나눠 줄 아이스크림을 사서 들어가는 길이었다. 하필 투명하게 비치는 비닐봉지에 아이스크림만 한가득 담아서. 난 민망한 나머지, 잠시 망설이다 입을 열었다.

"하나 드릴까요?"

극구 괜찮다고, 사양하는 곰돌이 아저씨를 보니 죄송한 마음이 더 커져서, 몇 번을 더 권하다가 말았다. 한여름에 때아닌 한기가 모락모락 피어오르던 날이었다.

뉴스에서 떠들어대는 사건 사고들은 사실 아주 극히 드문 일들이다. 그런데도 '혹시'라는 마음 하나 때문에 자꾸만 날이 선 채로 살아가는 게 가끔은 씁쓸해진다. '착각' 할 수도 있다. 착각은 자유라니. 그렇지만, 그 뒷일이 어떻게 되돌아오더라도 순전히 나의 몫이 될 것이다. 그러니 함부로 의심하지 말고, 그렇다고 방심도 하지 말고, 조금만 더 '신중'할 수 있기를.

대역전 스토리

※

　나는 드라마나 영화에 뻔한 대역전 스토리를 좋아한다. 특히 그중에서도 중반부를 넘어서는 순간부터 후반부까지가 '찐'이다. 대체로 그 스토리는 가진 것은 없지만 긍정적이고, 누구보다 근면하며, 정직한 주인공의 이야기로 시작된다. 반면 넉넉한 집안에서 태어나 모든 면에서 우월하고, 잘 나가는 상대역은 항상 주인공의 경쟁상대다. 이러저러한 이유로 경쟁이 붙게되고, 당연히 주인공은 불리할 수밖에 없다. 상대방과 비교 자체가 안 될 정도로 뒤처지던 주인공은, 온갖 멸시와 냉대를 받는다. 그 뿐이었으면 좋았으련만, 세상으로부터 또 상대역으로부터 방해공작이 끊임없이 이어진다. 하지만 주인공은 이에 굴하지 않는다. 어떤 장벽에 가로막혀도 기어이 뚫고 나간다. 뼈를 깎고, 피를 흘리는 노력으로 능력치를 상승시키기 위해 전념할 뿐이다.

　"하늘은 스스로 돕는 자를 돕는다."라는 속담이 있다. 결국은 아무리 좋은 조건을 갖추었더라도, 엄청난 노력과 정성을 쏟아부은 사람은 이길 수 없다는 뜻이다. 그렇게 주인공이 반전 승리를 거두었다는 뻔한 해피엔딩으로 막을 내린다.

눈물 없이 볼 수 없는 노력의 과정들은, 실제 우리 삶과 비교하면 스치듯 지나가는 몇몇 장면에 불과하지만, 그 과정 속에는 현실이 그대로 담겨 있다. "그건 불가능한 일"이라며 응원보다는 포기를 권유하는 주변 사람들. 이대로 계속 갈지 말지 내다보이지 않는 앞날에 대해 끊임없이 고민하고, 좌절하는 자신과의 싸움까지. 끝끝내 그 모든 과정을 이겨내고 성공하는 이야기는 다시 보고, 또 봐도 감동이 넘쳐흐른다. 무엇보다 그곳에선 '포기'가 없다. 아무리 외롭고 힘들어도, 어떤 고난이 닥쳐도.

이런 유형의 스토리를 누군가는 "이제 진부하다."라고 말한다. 예전에는 최선을 다해 노력하면 원하는 것을 대개는 이룰 수 있었다고 하는데, 나날이 빡빡해지는 현실 때문일까. 아니라고 반박할 수 없는 현실에 그저 쓴웃음만 짓게 된다. 그럼에도 나는 여전히 '노력의 힘'을 믿는다. 대역전 스토리도 실화나, 실화를 모티브로 한 작품들이 많다. 그 작품들은 하나같이 노력이 건재하다는 증거가 된다. 앞날에 어떤 세상과 직면하더라도, 노력한 만큼 되돌아오진 않을지라도, 배신하는 일은 없을 거라고 믿는다.

대부분의 영화나 드라마에서는 전개는 길고, 결말은 짧다. "행복하게 잘 살았습니다"로 끝이 난다. 우리가 써내려가는 우리만의 드라마에서는 전개는 짧고, 결말은 길었으면 좋겠다. '아픔'은 짧고, '행복'은 아주아주 길게.

급행열차

급행열차를 타고 있다
중간에 내릴 수 있는 정거장 같은 건 없다
매일 끝을 향해 달리고 달린다.

포기한다느니
새로 시작한다느니
사실은 말도 안되는 얘기다.

우리의 열차는 이미 한참도 전에 출발한 뒤고
이제와 어떤 것도 돌이킬 수도, 멈출 수도 없다.

그러니, 뒤돌아볼지언정
지나가버린 것들에 미련 두지 말고
어느 언저리에 버티고 섰지도 말고
되도록 멀리

되도록 힘차게
앞길을 향해 나아가자.

열심히 달리고, 달리다 보면
열차는 틀림없이 목적지로
나를 데려다 줄 테니.

세상에서
제일 행복한 사람

　버스 정류장에서 버스를 기다리고 있는데, 연세 지긋하신 시어머니와 며느리, 어린 손자로 보이는 세 사람이 등장했다. 아들네 집에 방문했던 시어머니가 본가로 돌아가실 때가 되어, 다 같이 배웅을 나온 듯 보였다. 버스는 그들이 당도한 지 얼마 되지 않아 곧 도착했다. 시어머니로 추정되는 분은 내가 보기엔 그냥 평범한 할머니였는데, 할머니는 버스 첫 번째 창가 자리에 앉으시더니, 창밖에 남겨진 가족들에게서 시선을 거두지 못했다.

　그 순간, 뒤늦게 상황을 알아차린 어린 손자의 거센 반항이 시작됐다. 자신도 할머니를 따라 버스에 타겠다고 엄마랑 실랑이를 벌이는데, 조그만 것이 힘이 어찌나 센지 엄마가 온 힘을 써서 말렸지만, 웃옷이 다 찢어질 듯 벗겨져 버렸다. 마침내 엄마의 손아귀를 벗어난 손자 녀석은 냅다 버스에 타버렸고, 할머니의 곁으로 갔다. 할머니는 하는 수 없이 손자를 데리고 버스에서 하차하셨다.

이어 내가 추측하는 상황은 이랬다. 할머니가 손자를 꾸짖거나, 달래거나 해서 먼저 돌려보낸다든지. 어쩔 줄 모르는 며느리가 그 자리에서 발만 동동 구르며 다른 묘책을 마련하는 모습이었다. 그러나 나는 전혀 예상하지 못했던 시나리오를 눈앞에서 직관하게 되었다. 할머니는 한두 번 있는 일이 아닌 듯 자연스럽게 손자와 함께 버스에서 내려오시고는, 일언반구의 말씀도 없이 손자와 며느리의 손을 잡고, 언제 그런 일이 있었냐는 듯, 언제 집에 가려 했었냐는 듯, 웃으며 왔던 길로 홀연히 사라져 갈 뿐이었다. 손을 꼭 붙잡고, 돌아가는 세 가족의 모습은 무척이나 행복해 보였다.

어떤 말도 필요가 없었다. 그들은 '진짜'였다. 굳이 설명하지 않아도 서로가 서로의 마음을 잘 알고 있는 것 같았다. 모든 걸 내걸고 버스로 내달렸던 어린 손자의 뿌듯한 미소도 좋아 보였지만, 그 순간만큼은 할머니가 세상에서 제일 행복한 사람이었지 않았을까.

이 문을 열고 나면

집 밖을 나서면서 쓰레기봉투를 내놓는다는 걸 잊어버렸다. 이미 집을 한참 벗어난 후였던 터라 할 수 없이 일정을 마친 후 집에 들어가서 버리기로 마음먹는다.

우리는 한 치도 의심하지 않는다. 집 밖을 나서는 순간 다시는 집에 돌아오지 못할 수도 있다는 걸. 그래서 영원히 쓰레기봉투를 내놓지 못할 수도 있다는 걸. 언제, 어디선가 들었던 이야기다. 우리는 우리가 매번 여닫는 문밖의 일상들을 너무 당연하게 생각한다. 내가 누리고 있는 것들이 앞으로도 계속될 것이라는, 엄청난 착각 속에 빠져 사는 것이다.

안전사고는 초기 발생이 드물다. 잘 모르기 때문에 조심하고, 또 조심하는 것이다. 오히려 같은 날들이 반복되며 점점 익숙해지고, 편안한 상태에 이르렀을 때. 어느 순간 긴장감은 풀어지고, 방심하고 있는 찰나의 순간 '사고'가 난다.

아무리 잘난 사람도 조심성이 없으면 원숭이처럼 언제 나무에서 떨어질지 모르는 법이다. 사고는 사람을 가리지 않는다. 항상 예기치 못한 순간, 우리를 엄습해 온다.

 당신이 삶에 대해 어떤 생각을 갖고 사는지 나는 모른다. 하지만, 항상 잊지 않았으면 한다. 부디 안일해지지 말자. 내가 쥐고 있는 것들 중에 하나부터 열까지 당연한 건, 한 개도 없다. 어떤 하루도, 어떤 일상도 마찬가지고. 지금 이 문밖에 선물이 있을지, 시한폭탄이 있을지 모르는 것처럼, 우리는 그런 삶을 걸고 있다는걸.

온 마음을 다해

　겨우내 앙상했던 나무들이 새로운 계절을 맞이할 준비로 분주하다. 꽃봉오리가 맺힌 나무도 있고, 성격 급한 나무 몇몇은 벌써 예쁜 꽃을 피웠다. 한겨울 강추위에 얼어붙었던 날씨도, 마음도 따스한 햇볕 아래 속절없이 녹아내린다. 그런 와중에 아직 겨울의 악몽에서 헤어 나오지 못한 나무들이 눈에 밟힌다. 활짝 핀 꽃나무들은 연신 사람들의 관심 속에 나날이 예뻐지는데, 여전히 앙상하고 삐쩍 마른 나무들은 어디를 헤매고 있는 걸까.

　항상 빠른 것이 있으면 느린 것도 있기 마련이다. 그러나 세상은 갈수록 빠른 것을 추구한다. 남들의 속도보다 뒤처지면, 지체 없이 모자라거나 문제가 있다고 쉽게 단정해버린다. 이솝 우화《토끼와 거북이》처럼 끝까지 가보지 않으면 결말은 모를 일인데 말이다.

사실 정답인 것은 없다. 빨리 피어도 '꽃'이고, 늦게 피어도 '꽃'인 건 매한가지다. 다른 사람의 기준이 아닌, 나만의 속도에 기준을 맞춘다면 그 속도가 느리든 빠르든 상관이 없어진다. 흔들리며 갈지언정 멈춰 서지만 않는다면 어느새 목적지에 근접해 있을 테니까.

나는 남 일 같지 않은 앙상한 나무들을 바라보며, 온 마음을 다해 응원했다. 드리운 그늘에도 언젠가는 볕들 날이 올 것이고, 결국은 피어날 것이라고.

publisher　　instagram

반드시 그리워하게 될 테니까

초판 발행 2025년 6월 26일　**2쇄 발행** 2025년 7월 1일
지은이 김나리
펴낸이 최대석　**펴낸곳** 행복우물　**출판등록** 307-2007-14호
등록일 2006년 10월 27일
주소 a1. 서울특별시 종로구 종로1길 50 더케이트윈타워 B동 위워크 2층
　　　a2. 경기도 가평군 경반안로 115
전화 031-581-0491　**팩스** 031-581-0492
전자우편 book@happypress.co.kr
정가 16,500원　**ISBN** 979-11-94192-29-9(03800)